BITÁCORA DE ESCRITURAS

Ana Abregú

Abregú, Ana
Bitácora de Escritura
Ciudad Autónoma de Buenos Aires, Junio 2024.
pag. 94 ; 15,24 cm x 22,86 cm

ISBN: 979-8329-368-19-2

1. Educación. 2. Recursos literarios. I. Título

Diseño de tapa: Ana Abregú. Imagen de tapa: Ana Abregú.
Diseño de cubierta e interiores: Ana Abregú.
Imagen de tapa: https://in.pinterest.com/pin/3940718418247026/.
Metaliteratura www.metaliteratura.com.ar

© Ana Abregú junio 2024 - Reservados todos los derechos.

Impreso en Amazon

Queda rigurosamente prohibida cualquier forma de reproducción, distribución, comunicación pública o transformación total o parcial de esta obra sin el permiso escrito de los titulares de los derechos de explotación.

Ninguna parte de esta publicación, incluido el diseño de cubierta, puede ser reproducida, almacenada o transmitida en manera alguna ni por ningún medio, ya sea electrónico, químico, mecánico, óptico, de grabación o de fotocopia, sin la previa autorización escrita de los titulares del copyright.

Ejemplar es de cortesía para el grupo de Taller de recursos literarios. Antalia Isim.

Si desearan colaborar, este libro de vende en Amazon:
https://www.amazon.com/dp/B0D481SVCT

A mi abuela Pola.

A Roberto Ferro.

El mundo es de inspiración Tantálica.

[Macedonio Fernández]

PRÓLOGO

La literatura es un mecanismo, un artefacto –Nicolás Rosa–, está hecho de fragmentos. Comienza con la letra, sigue con la palabra, la frase, la historia e historicidad, hasta el signo, para volver al signo, –Charles S. Peirce–, el que está en lugar del objeto al que representa, y que por convención, semejanza, relación, desplazamiento, convoca la interpretación de una realidad.

Las piezas, como en una partitura, son elementos de un laberinto en el que dan vueltas sobre sí misma; música que intenta ordenar el caos, entropía.

En este libro, de obscena repetición, es un tintineo en el enorme y precioso tesoro de la literatura, un diminuto intento en el vasto campo de los artificios literarios.

Me gusta creer que es el hilo de Ariadna, no para salir de laberinto, sino para entrar.

Este libro es un esfuerzo por entrar y salir del laberinto, la mitad de ese propósito, se ha cumplido. Una vez adentro, es fácil ver que no se puede salir por éste laberinto, ni por arriba, como Ícaro, porque el que ha entrado, ya no desea salir.

Antalia Isim

Taller sobre recursos literarios

25 enero 2024

Propuesta 2024: figuras estilísticas.

Refiere a la escritura y sus formas, modos, fonética, expresión.
Pulir la escritura es proponerse un texto desde el recurso.
Propongo un recurso y los desafíos a usarlo.

En enero: Acumulación

La **Acumulación** (o Atroísmo) es una figura retórica que consiste en enumerar las partes y circunstancias para reforzar argumentos, apoyados por enumeraciones o exacerbación. El efecto es de desarrollo en forma meticulosa y sustancial de una idea.

Me han leído, en ocasiones, señalar el pleonasmo, el exceso de pronombres, de adverbios, artículos indeterminados, etc. Pueden ser usados conceptualmente como recurso poético.

Ejemplo:

El río ríe con risas y rizos estridentes.

Desafío: un cuento o relato con la figura estilística Acumulación y pleonasmo.

26 enero 2024

Aportando al desafío propuesto:

Acumulación pleonasmo

El espejo espeja el brillo del sol que especula, simétrico, diáfano, refleja, reflexiona el plano, horizonte, confín, el cancel;

el acercamiento narra el haz de luz, la grieta por donde ingresó Alicia.

27 enero 2024

Imágenes sensoriales: recursos estilísticos que refieren a los sentidos.

Suele tener el efecto que se asigna a la poesía, pero esto parece sugerir que si un texto no contiene imágenes sensoriales, no es poético.

Un texto poético usa cualquier recurso estilístico.

Imágenes sensoriales son las que representan un impacto sobre los sentidos.

Imagen sensorial:

Los dedos repiten el encuentro con el estremecimiento y el sincopado ronroneo. Reserva sensitiva que detona la aventura del movimiento ilimitado de las orejas como señales codificadas de la lucidez pueril del gato que sugiere un incómodo secreto entre el animal y el objetivo de la vida.

28 enero 2024

El oído es uno de los sentidos que intervienen en "la música interior", identifica aspectos de la escritura, a veces negativamente, a veces positivamente.

Es uno de los vicios menos reflexionados a la hora de escribir, se introducen registros del habla o localismos, suponen que son significativos en la comprensión del texto.

El Pleonasmo es negativo cuando no cumple una función semántica o forma parte del estilo.

Pleonasmo: adición de términos innecesarios.

Ejemplo: Sus ojos me miraron –de quién van a ser los ojos sino suyos.

La discusión sobre que escritores reconocidos, nobeles, famosos, incurren en pleonasmos es inconducente y no vamos a justificarlos con ese argumento.

La poesía no es una excepción. Como dije en el comentario sobre Imágenes sensoriales, hay una construcción semántica, fónica, recurso morfosintáctico, para producir un efecto.

Ejemplo:
De los sus ojos tan fuertemente llorando
Mío Cid.

Es un desafío convertir un defecto en virtud del texto.

***

Ejemplo, Pleonasmo y Acumulación. Analicen el género de este texto.

Aún el gradiente de la noche, aún su sueño, aún su duda, aún suspiros; la ínfima parte de sus límites, sus misterios. Cien años sus susurros suspendidos para un beso supresor en la cesura de la boca.

29 enero 2024

Cuento, relato, poesía, Microficción

La diferencia más sutil entre relato y cuento, es que en el relato, el tiempo pasa. Lo definen los adverbios de tiempo. Luego, después, primero, etc. En el relato no hay final, es un recurso de sucesos. Por ejemplo, la crónica.

En el cuento y poesía no es necesario el tiempo.

En el cuento hay una estructura: introducción, desarrollo, fin; aunque puede faltar la introducción y el final puede ser abierto o cerrado, o interpretarse de ambas maneras. Es Microficción cuando para su sentido hace falta conocimiento del lector sobre otra historia, hecho o texto para completar su sentido.

La poesía tiene sus propias reglas, no responde a estructuras e incorpora el espacio como juego en su sentido, entre otros elementos como la grafía.

Todos los géneros incorporan recursos literarios, por ello, a veces, es indefinida la diferencia entre poesía y prosa poética.

Los límites entre géneros, a veces son lábiles y no se debe confundir el tema del texto con el género.

***

El texto Ejemplo, Pleonasmo y Acumulación:

Es cuento. Esto quiere decir que tiene introducción, desarrollo y fin. En este caso, el final no es abierto y se puede definir Microficcion. No es relato a pesar de hacer referencia al tiempo.

***

Reflexionar: qué susurros de apagaron durante cien años que canceló un beso. Esto lo digo porque estamos en un taller, pero la verdad, no hay que explicar porque cancela los posibles narrativos. Es un placer que lo hayan considerado un poema.

***

HABLEMOS DE LITERATURA

Alguien dijo "escribo y ya". Al no haber reglas, hasta eso es lo único que significa escribir. Luego, la literatura es un conjunto de condiciones.

Es posible construir una casa sin ser arquitecto, puede tener resuelto el objetivo: utilitaria. Pero una "obra" requiere alguien con estudios específicos.

Para llamar a una obra "literatura" hay que someterla a las comparaciones con ese tipo de texto.

Se puede hacer una casa, pero si la van a comparar con casas construidas por arquitectos, van a encontrar que "casa" es un genético: "escribir" es un genérico; ser arquitecto es otra cosa, ser escritor es otra cosa.

No hay verdades ni en uno u otro, hay muchas casas construidas sin arquitectos.

Todo está en el objetivo que deseen alcanzar.

En este grupo no es que haya "arquitectos" es un intento de llegar a escritores.

No perdamos el tiempo en las discusiones sobre otros asuntos. Si quieren escribir sin otra cosa que "escribir y punto", nadie se los va a impedir, pero no perdamos tiempo en sobre si es válido, o sobre quién lee o no.

Hablemos de literatura.

30 enero 2024

Recursos novelísticos

Prosopografía es una figura retórica que consiste en la descripción de los rasgos físicos o externos de los personajes. Se dice que la descripción de personajes les dan carnalidad, los hacen "real". Hay una idea distorsionada en esa declaración. Todo en el texto es función textual de lo que se relata, es ficción no realidad, el que se interprete como real es un efecto de la construcción. Si es innecesaria la descripción, no tiene por qué incluirse. Tampoco es un recurso meramente de novela. Es una simplificación precaria decir sobre que es importante el personaje en la novela y no en el cuento.

Por ejemplo en *La casa de Asterión*, de J.L. Borges, que es cuento, el personaje es el eje importante para el sentido.

La Prosopografía es una figura de pensamiento, se reflexiona, usualmente, sobre cómo se ve el personaje, por lo tanto en la historia, debe pensarse en un narrador que tenga la posibilidad de describir a un personaje y sirva al sentido del texto.

No son inusuales los textos que comienzan con descripciones de personajes que son como una "presentación" del personaje. Eviten ese tipo de uso, suele ser intromisión del autor que toma el rol del narrador y es explicación. Si algo no debe tener ningún tipo de texto es explicación.

Ejemplo:

Platero es pequeño, peludo, suave; tan blando por fuera, que se diría todo de algodón, que no lleva huesos. Sólo los espejos de azabache de sus ojos son duros cual dos escarabajos de cristal negro.

J.R. Jiménez.

Este texto contradice lo que dije: no presentar en introducción al personaje. Esto es porque el personaje no es el sentido del texto, las descripciones metafísicas y metonímicas lo son. Es un texto construido con características del personaje, un burro, hasta la sugerencia del color en el nombre. Todo en el texto es un muestrario de recursos para un objetivo, y esa es su función textual.
Si van a describir un personaje y nada de la descripción tiene alguna injerencia en el sentido, es pedregoso, conspira contra la fluidez.
El desafío es construir un cuento con Prosopografía, pero que tenga función textual, no una mera descripción de relleno, explicando un texto.

***

Prosopografía, comenten qué género pertenece este texto:

Atruenan los besos sobre el pelo hirsuto, besos pegajosos en la fuerza de las rayas en las que se discierne la herencia de la madera, pantalones cortos, medias cortas, cuello corto, conjunción sizigia entre cuerpo y vestimenta; el derrumbe de la luz insufla movimiento. Nada hace sospechar que espigará sin ruido, o advertencias, ni que será la falsedad creciente en la veta de la cara.

Ana Abregú

***

Espero noten que la percepción sobre un texto es única y excliva del lector. El escritor no puede escribir creyendo que sabe cómo se leerá, interpretará, gustará. El lector tiene su propia biblioteca y los textos "resuenan" con esa biblioteca, imposible que sea la misma que las del escritor. Es por eso que es imposible creerse que se sabe lo que el lector entiende e infructuoso creer que se escribe "para que se entienda". El lector no debe estar en la ecuación de escritura, es frustrante y fantasioso.

***

Vamos al género: Alguien dijo relato porque pasa el tiempo. Sin embargo: responde a Introducción, desarrollo y fin. Recuerden que en el cuento, también puede pasar el tiempo, pero responde a una estructura. Es cuento porque responde a esa estructura, es microficción porque requiere de un conocimiento sobre un texto externo. Pista: qué personaje es de madera, vestimenta infantil y que le crece una parte de la cara. La estrategia discursiva: el narrador/a está en presente, pero tiene conocimiento de qué pasará en el futuro, se hace referencia a un apéndice de la cara que crecerá. Este comentario, repito: es porque estamos en cocina de escritores, estas explicaciones cancelan otras interpretaciones. Anímense a escribir desde los recursos.

31 enero 2024

Aprovecho que mencionaron a Miguel Hernández, *Elegía a Ramón Sije*, para analizar los recursos de este poeta. Son característicos tres temas: la vida, el amor y la muerte y los trabaja a través de diversos recursos:

Paralelismo: figura retórica que consiste en la repetición de una misma estructura gramatical. Figura de repetición perteneciente al grupo de figuras de dicción.

"No perdono a la muerte enamorada, no perdono a la vida desatenta, no perdono a la tierra ni a la nada".

Hipérbole: no busca ser tomada literalmente, por poco probable o imposible, la finalidad es captar la atención, enfatizar una idea y conseguir una mayor fuerza expresiva. No solo se emplea en el lenguaje literario, también en el habla cotidiana y la publicidad. Se suele utilizar en tono cómico o como expresión de fastidio. Pertenece al grupo de figuras de pensamiento.

"Temprano levantó la muerte el vuelo, temprano madrugó la madrugada Temprano estás rodando por el suelo". "No hay extensión más grande que mi herida", "y siento más tu muerte que mi vida".

Polisíndeton, **Conjunción**, **Ditología** o **Síndesis**: figura retórica que consiste en la utilización de conjunciones innecesarias dentro de la oración. Tiene la función de disminuir el ritmo para enfatizar palabras y dotar de mayor intensidad la expresión. Produce efectos de solemnidad, sosiego, gravedad o de desbordamiento entre otros. Pertenece al grupo de figuras de dicción.

"En mis manos levanto una tormenta
de piedras, rayos y hachas estridentes
sedienta de catástrofes y hambrienta."
A ver si se aprovechan para sus propios materiales.

***

Interrogación retórica, pregunta retórica o **erotema** es una de las figuras de diálogo, a veces como sarcasmo. Trata sobre una pregunta que se formula sin esperar respuesta, con la finalidad de reforzar o reafirmar el propio punto de vista, al tiempo que incentiva a reflexionar sobre un asunto o para que se adopte un cambio en la interpretación.

Puede presentarse bajo dos modalidades: la *interrogatio*, si la respuesta solo admite un sí o un no, y el *quaesitum*, si demanda una respuesta más compleja. También se llama auto comunicación o con los nombres latinos de *communicatio* o *exsuscitatio*, y pertenece a la clase de los metalogismos o figuras de pensamiento.

Finalidad del recurso erotema:

• Para cerrar un discurso oral, de forma que sirva para generar reflexiones o conclusiones de la pregunta.
• Para hacer un comentario de crítica, es decir, de manera irónica, lo que hace que los comentarios desagradables se transformen en enunciados estéticos y educados.
• Para reñir o regañar a alguien, también para imponer un reto.
• Para hacer una argumentación que genere un apoyo a lo que se acaba de decir.
• Para hacerse autocuestionamientos.

Fragmento de Interrogación de Gabriela Mistral

¿Cómo quedan, Señor, durmiendo los suicidas?
¿Un cuajo entre la boca, las dos sienes vaciadas,
las lunas de los ojos albas y engrandecidas,
hacia un ancla invisible las manos orientadas?

...

***

Paralelismo. Qué género le asignan.

No verte, no conocerte, mirarte en planos pixelados, como no estar, no saber, no leerte; la cifra movediza de los asfódelos, el ajenjo convierte en ceniza los sueños, tu vida se esfuma, las palabras son distancias. He dejado de oírte.

Miguel Hernández, musa de Joan Manuel Serrat.

***

El lenguaje superior, la poesía, es a su vez, el medio de expresión que suele surgir como iniciación. La idea de desorden, de sin reglas, de personal, entre otros aspectos, es la idea que la sobrevuela.

Sin embargo, es en la poesía dónde los recursos estilísticos conforman el efecto de su expresión. Se la considera una salida a la opresión de la gramática y la ortografía, pero la poesía necesita de todo ello para saber qué transgrede, si hay tal transgresión. No es el lenguaje superior por nombre o etiqueta, sino por sus condiciones de lenguaje y expresión, y la capacidad para metamorfosearse en sentidos diversos.

Alguno recordará los textos de mi libro *Conversaciones con Žižek*. Según yo, es novela, algunos dicen relatos, otros: poesía. Acabo de compartir algunos textos y la ambigüedad en el género se revela por la interpretación del lector. Lo que deja claro que no se puede saber cómo leen los lectores.

He comentado algunos recursos. Es un método para recibirlos en textos y entrenar el artefacto lector.

Qué género y recursos notan en la siguiente propuesta:

Lo que entra por la ventana se mueve para no desaparecer; hilillos coloreados, partículas en vértigo oblicuo, semillas, aquenios ingrávidos, rusticidad natural y artificial en el mínimo espacio en dónde una araña tajea con el filo de la tela, una boya suspendida en la nada del silencio.

1 febrero 2024

Epítrope o **Permisión**:

El Epítrope o Permisión es una figura estilística que consiste en otorgar a otro licencia para producirnos algún mal. Es una concesión consensuada. Difiere de la ironía –que es otra figura estilística– en el sentido.

La ironía es de índole crítica, revela un conformismo e intención lúdica de resignación; a veces se muestra como una sátira.

Ejemplos de Permisión:

Muertas sus abejas por hambre y enfermedad, el pastor Aristeo (hijo de los dioses Apolo y Cirene) dijo a su madre: "Si no estás contenta, destruye también mis árboles, mieses, viñas y ganados (...)

VIRGILIO, Geórgicas

La ironía juega con la percepción de una contradicción en la relación entre significante y significado, ambos, lo irónico y lo ironizando deberían estar en el texto, los códigos comunes entre interpretaciones no se pueden suponer, la ironía se apoya en otras figuras de retórica para crear efectos; dentro de la ironía además de la antífrasis, que consiste en decir lo contrario de lo que se quiere dar a entender, se vale de la epítrope, que es una invitación irónica a persistir en un defecto; así como del sarcasmo, discurso denunciador agresivo, de la paradoja, con el acercamiento de términos o de conceptos antitéticos, etc.

La ironía necesita incluir en el texto lo ironizando, la epítrope no, pues es un discurso directo de permiso para un mal sobre sí.

Un ejemplo de ironía es el poema *Los Heraldos Negros* de César Vallejo, utiliza la ironía para describir la tristeza y la opresión con exagerada intensidad en el límite de lo desaforado.

***

No se priven de rechazar las proposiciones auto ensayadas para soportar las incomodidades de mis textos, en apariencia infranqueables, agotadores; intentos de estacionar en un lugar y un tiempo fuera de los relojes los disturbios mitocondriales de la realidad.

***

Sugerí un texto partiendo de una idea simple. Y luego pensar con qué recurso la escribiríamos.

Sugerí como idea: mujer cruzando la calle.

Este es mi aporte. Hagan sus comentarios.

Mujer cruzando la calle.

La mujer cruza la calle, la calle tiene nombre, la mujer, un paso delante y otro y otro; vuelve y vuelve, se la ve de espaldas, de frente, un revés y un derecho que no parecen discutir la verdad, la calle tiene nombre, la mujer en animación y movimiento, insiste en avanzar, vadear la calle. La mujer, matiz de aquí y allá, en unánime insistencia, avanza y avanza; impacta y golpea el pavimento, como en morse, ese o ese, la calle responde con obstinación, el nombre de la calle es Möbius.

***

Calambur: figura retórica que consiste en modificar el significado de una palabra o frase al reagrupar de distinta forma las sílabas que la componen. Tiene la función de ocultar dobles significados o ambigüedades empleando para ello propiedades semánticas (homonimia, paronimia o polisemia).
Pertenece al grupo de figuras de Dicción.
Es un recurso utilizado en adivinanzas y juegos de palabras.
Ejemplo:
Si el Rey no muere, el Reino muere.

Utilicé este recurso en mi libro *Pentimentos*. Y el título para sugerir una clave de lectura. Los títulos no deben explicar un texto, son parte de la propuesta literaria. Tampoco piensen que el sentido los elude, somos diferentes lectores y por lo tanto los textos convocan diferentes interpretaciones y miradas. No se escribe para que nos entiendan, eso es imposible, eso es creerse que tenemos la potestad de saber cómo piensan, leen o interpretan los demás. Es una presunción pretenciosa. Se escribe para expresarse.

Calambur

Es audaz destino de aire; forja cobre arena, huellas de constantes audacias, abdicaciones aullando, puja cobra, tarja cobijas, reversión de tiempos y majadra bermeja; dos naciones, fronteras de tinieblas, sombras que arrastran gajos a la tierra, poblándola de heridas.

Ana Abregú, *Pentimentos*.

2 febrero 2024

En el Calambur, suele haber un sentido secreto. La propuesta es no usarlo en el obvio de juegos de palabras, que es ya remanido. Sin negarle el ingenio, el desafío que les propongo es el de emplearlo en un cuento, relato o poema, sin sarcasmo o juego o humor.

Aquí va una propuesta.

Cada pequeña palabra se enreda en la elegía, busca en la promesa falsa de las lágrimas cacofónicas, delatan tropos y navegan mar, quilla, mástil, sóforas en sentido.

***

El Calambur es una forma de leer. Se usa en publicidad para mensajes subliminales, puede que la conciencia no lo detecte, pero el inconsciente sí.

Estos mensajes son usados por la publicidad, sin que los consumidores lo noten. Y se estudia en neurociencias.

Puse dos ejemplos, pero alguien no los detectó.

En el primero, de mi libro *Pentimentos*, el texto refiere a dos personajes, uno cedió algo por una majadra, y a raíz de ellos el destino del mundo cambio.

Si prestan atención, es una historia de la Biblia, se menciona a Esau y Jacob, el mayor le cambió la primogenitura al menor, por un plato de comida, la majadra, un guiso de color rojo –bermeja–. Es así que el menor se hizo cargo de la herencia del mayor, creó una descendencia; cada uno creó un pueblo, pasaron desgracias, que se le asigna al cambio de hermanos y con ello el cambio de los destinos.

Supongo que la idea les dará una pista de cómo leer el segundo ejemplo.

No es que necesiten tener conocimientos y es para complicar, es un recurso, el que lo capta bien y si no también: no se puede escribir especulando sobre el conocimiento de los lectores.

Compartir estás cosas es lo que afina el artefacto lector.

Calambur

Es audaz destino de aire; forja cobre arena, huellas de constantes audacias, abdicaciones aullando, puja cobra, tarja cobijas, reversión de tiempos y majadra bermeja; dos naciones, fronteras de tinieblas, sombras que arrastran gajos a la tierra, poblándola de heridas.

***

Es una forma de leer. He mostrado en ocasiones el recurso de mover algunas líneas de los poemas, hacia la derecha. Es decir la lectura vertical. Con ese simple movimiento se puede convertir un texto prosaico en un interesante recurso que produce polisemia y significantes diferentes. Si hay una palabra poco usual, y sobre todo como título, el escritor debe ir a buscar a la RAE el significado y colocarla en el contexto y preguntarse por qué.

3 febrero 2024

Encabalgamiento: figura retórica que consiste en no terminar las frases al final del verso sino en el siguiente –van "a caballo" entre dos versos.

La parte de la frase que queda en el verso que le corresponde es el encabalgante y la parte que pasa al verso siguiente es el encabalgado.

El Encabalgamiento pertenece al grupo de las figuras sintácticas.

Encabalgamiento brusco –o abrupto–: cuando la pausa se produce antes de la quinta sílaba del verso encabalgado

Encabalgamiento suave: el que va más allá de la quinta sílaba del verso encabalgado.

Ejemplo:

Encabalgamiento duro:
Creo que mi barba era
negra... Yo estaba vestido
de gris... Y mi barba es blanca
y estoy enlutado... ¿Es mío
este andar?
(Juan Ramón Jiménez – *Soy yo quien anda esta noche*)

Encabalgamiento suave:
Bien como la ñudosa
carrasca, en alto risco desmochada
con hacha poderosa
de ser despedazada
del hierro, torna rica y esforzada...

(Fray Luís de León)

Nota de color: he leído en algunos grupos que corrigen la "gramática" de este recurso como si fuera error y no figura estilística.

***

He indicado algunas figuras estilísticas. La propuesta es escribir un cuento o relato. Un cuento: introducción, desarrollo, fin.

Recuerden que puede no haber introducción, entrando directo al desarrollo y puede no necesariamente pasar el tiempo.

En el relato, necesariamente pasa el tiempo, por lo tanto cabe esperar adverbios de tiempo.

No más de veinte líneas. Tema: Limón. Piensen en el objetivo: una sola palabra, limón.

Tengan en cuenta que una cosa es una anécdota, otra cosa es relato y cuento.

La anécdota es parte de ellos, pero no es todo en el cuento o el relato. La diferencia es la literatura.

4 febrero 2024

Respondiendo a mi propia propuesta

El mito limó, naufragó, instantáneo, acerca de la búsqueda del origen; una fruta sublimó neumas hasta travestirse en realidad; palabras golpeadas acerca de la nada; la fruta, que nadie sabe si fue dulce o si fue ácida, misterio insatisfecho de la humanidad.

5 febrero 2024

Adínaton: figura literaria que pertenece a la familia de las figuras lógicas. Su finalidad es enumerar circunstancias inverosímiles.

Macbeth (de William Shakespeare)

¿Todo el gran océano de Neptuno lavará esta sangre de mi mano?

***

Las palabras dicen nada, la violencia, la desmesura del vacío, sílabas del silencio, el hueco del sentido; el peso y el vértigo de un agujero negro en tus ojos híbridos, amor, todo un abismo royendo la comisura de una inmensidad donde caer.

6 febrero 2024

Etopeya: figura retórica que consiste en la descripción de los rasgos propios de la persona, rasgos psicológicos, morales, personalidad, estado de ánimo, costumbres, actitudes, conductas personales, vicios, virtudes, ideología, etc.

En la narración novelística, la Etopeya tiene la función de presentar el personaje, aportando información de su mundo interior que lo coloca en una construcción textual para a comprender y dar sentido a su intervención como personaje.

Es parecida a la Prosopografía, mientras que ésta describe al personaje en lo que se ve, en la Etopeya se describe su interior.

Medea, Sófocles:
"Horribles flores rojas brotan debajo de sus pacíficos rostros. Son las flores cultivadas por mi mano, mano de una madre. He dado vida, ahora también la quito, y ninguna magia puede devolver el espíritu a estos inocentes. Nunca volverán a poner sus brazos minúsculos alrededor de mi cuello, nunca su risa llevará la música de las esferas a mis oídos. Que la venganza es dulce es una mentira."

***

La Etopeya a veces es sutil. O debería serlo. Lo sugestivo de un pensamiento o reflexión, construye características del personaje. Esta es mi propuesta. Ustedes podrían arriesgar características del personaje que dice o piensa esto:

En qué consiste su insuficiencia, acaso en la textura de ungüento, quizás en la capacidad de dividir el color; estambre en la cima del secreto, ejido grave y ligero a la vez, reverbera diáfana y ajena, allá, allá, ingrávida y sin tiempo, las nubes o los sueños.

7 febrero 2024

Alegoría: figura estilística que consistente en una sucesión de metáforas que juntas evocan una idea compleja.

La Alegoría es un instrumento cognoscitivo que ayuda a profundizar en la comprensión de una idea a través del lenguaje figurado de las metáforas.

La Alegoría pertenece al grupo de figuras de los Tropos.

Un tropo o figura de significación. Tipo de figura retórica que consiste en el uso de palabras en sentido figurado –distinto al habitual– para describir determinados conceptos.

Las alegorías son recursos en todas las artes, por ejemplo, La persistencia de la memoria, de Salvador Dalí. También conocida como Los relojes blandos; pintura que simboliza la desintegración de la materia y del presente como consecuencia del paso del tiempo.

"Pobre barquilla mía, entre peñascos rota, sin velas desvelada, y entre las olas sola".

Lope de Vega.

Refiere al alma entre dificultades, atormentada, a la deriva.

Notar el Calambur y los juegos de sílabas, lamía, trepe, velada, ada, da, lado, la –en el Calambur importa la fónica, no la gramática.

Las Alegorías suelen ser fuentes de frases hechas, pretensiosas, pero el desafío es crear una, sin esos defectos.

***

Alegoría.

Tus ojos cambiaron en los míos el modo de escribir, tu boca transmutó los acentos. El azar suelda cada noche los sueños, las duplicidades aún no te nombran.

***

Metáfora: Aplicación de una palabra o de una expresión a un objeto o a un concepto, al cual no denota literalmente, con el fin de sugerir un sentido.

Ejemplo: Tu cabello, nido, levedad al viento.

Observen que en el ejemplo, a pesar de usar una metáfora, el sentido es ambiguo: podría ser que nido refiere a enredado, podría ser que refiere a que anida ideas, podría ser que literalmente los pájaros se llevaron el pelo para hacer nidos.

No confundir con Metonimia: comparación por desplazamiento. Designa una palabra como equivalente a su efecto. La metonimia es un tipo de metáfora. En la metáfora lo comparado suplanta a la palabra.

En la Metonimia se suplanta por su efecto.

Ejemplo: "Muchacha ojos de papel...", Luis Alberto Spinetta.

En esta frase, "papel" no reemplaza a los ojos, también hay ambigüedad, pero por el efecto: ojos maleables, papel maleable; ojos claros, papel claro; ojos para escribir, papel para escribir, etc.

En las Alegorías se usan Metáforas.

7 febrero 2024

Uno de los textos interesantes para reflexionar sobre Alegoría, es Un día perfecto para el pez banana, de J.D. Salinger.

Quién se anima a leerlo y comentarlo.

***

La alegoría, según los críticos son secuelas de la guerra que termina en suicidio del protagonista. En mi criterio, no es eso, sino la excusa. Los procedimientos del texto: nos enteramos de que al protagonista le pasa algo, por diálogos y comentarios: secuelas de la guerra. No hay comentarios de narrador, los detalles de diálogos informan, sin explicar. Pero, al que se anime a leerlo, yo tengo otra idea sobre qué significa el cuento. El protagonista, está en la playa, envuelto en una bata, y una niña se le acerca. Seymour y la niña Sybil, "son personas muy imaginativas", dice la crítica, él habla sobre la existencia de un pez banana que entran en un pozo a comer bananas y que son muy sucios, al principio parecen ser peces normales pero luego se transforman en criaturas hambrientas. Entran en el agua y Sybil dice que ha visto al pez banana. Para mi es una escena de abuso, un adulto, con una niña, pez banana, entro al mar a solas, y ella ve un pez banana. Luego, el enojo sobredimensionado respecto a los pies. También una palabra solitaria: celos, que dentro de la escena infantil es demasiado "adulta". Salinger es una de las vacas sagradas, no sé por qué no se le permite la interpretación más obvia a este texto. Creo que el cuento está en Internet, es corto, pienso que deben leerlo para analizar la construcción y procedimientos y porque parecen haberse puesto de acuerdo los críticos en repetir una única interpretación: secuelas de la guerra.

8 febrero 2024

Sobre títulos de textos: tal como se indica en el documento fijo, el título pertenece al texto.

No puede reemplazar al texto, ni explicarlo ni, menos, revelar, ni debe tener comentarios agregados: todo eso explica.

Tampoco usen títulos que generen un horizonte de expectativa que luego no se concreta en el texto. En otras palabras: los títulos no son publicidad.

El título es parte de la estrategia discursiva del contenido.

El título ideal es cuando su función textual se revela al terminar el texto.

Por lo tanto: si el título es mejor que el texto, a veces un buen texto, defrauda porque el título prometió otra cosa y es cuando desperdiciaron estrategia discursiva.

En este momento y porque es otro el objetivo en un taller, he estado usando de título el nombre del recurso, porque es el tema del taller.

Sean creativos, usen títulos reflexionando sobre su función.

12 febrero 2024

Cronografía, figura estilística que describe momentos temporales de carácter histórico, se emplea para narrar distintos acontecimientos, períodos de tiempo de manera detallada.

La cronografía se diferencia de otros tipos de textos históricos, porque hace hincapié en describir el contexto y las causas de los ejes centrales, objetivos de un hecho. Por eso, en la cronografía lo importante no solamente es qué pasó, sino en qué circunstancias.

Se utiliza para hacer referencia y se caracteriza por ser una descripción minuciosa del momento o del periodo en el que se inscriben los hechos de un relato, de una novela, de una crónica, de una obra de teatro o de un texto periodístico.

Memorias de Adriano de Margueritte Yourcenar.

Historiciar es una forma de cronografía: ubica hechos en el tiempo. Los Diarios personales, novelas del Siglo XIX que ubican sus ficciones dentro del contexto histórico, social, secuencial.

Cuando se comienza un relato con la biografía personal y tiene función textual la cronografía es un procedimiento que apoya la Etopeya, hacen cohesivo a los personajes.

13 febrero 2024

Paronomasia: figura estilística que consiste en palabras con sonidos similares pero de distinto significado, incluso escrituras similares; también se dice parónimos, palabras cambiando morfemas flexivos. Suele usarse para producir asombro o efecto humorístico. Es común en chistes, anuncios publicitarios, trabalenguas.

A veces la Paronomasia carece de una de palabras por sobreentenderse:

"Me has despertado el sexo sentido" –por sexto sentido.

Políptoton es un tipo de Paronomasia en la que se conjuga una misma palabra:
"¿Cómo quieres que te quiera si no me quieres como quiero que me quieras?"
La Paronomasia pertenece al grupo de las figuras de dicción, por lo que el juego de palabras es el uso más difundido.
Ejemplo:
El sexo sentido es el sentido del texto sentido.
Esta figura es la más usada en frases hechas, es un desafío pensarlas –las de ejemplo en este comentario son de mi autoría, pero pienso que quedan de poco alcance ya que es probable que "suenen" a algo ya leído, justamente, es una figura de repetición, el artificio es el juego y que el sentido sea de impacto.
"El amor es un deseo irresistible de ser irresistiblemente deseado". Robert Frost.

***

Sobre el recurso de Paranomasia:

Flojo, con energía como de conciencia filoso, flota, fluye como floema, flecha de cupido, florece, con conciencia como energía, filoso, el poema.

14 febrero 2024

La siguiente imagen, es para ilustrar el Calambur. Aquello que el consciente no registra pero sí el subconsciente.
La mente registra lo que no es aparente y lo reconstruye como información.
Recuerden no incluir imágenes en los textos, nunca es para mejor, salvo en los textos infantiles cuyo propósito es explicar el texto. Explicar es lo que no debe pasar en un texto.

Mira el punto de la nariz 15 segundos   **Luego mira aquí**

15 febrero 2024

Dilogía: palabra que hay que entender en dos sentidos distintos a la vez dentro del mismo enunciado.

Es un recurso de dicción y apunta a la polisemia con el propósito de aprovecharla en distintos sentidos.

Donde el engaño con la Corte mora
(Luis de Góngora)

Mora de morar, mora de habitar y mora de mujer musulmana. Mora del color. Mora la fruta.

17 febrero 2024

Imagen: figura retórica que consiste en usar un término figurado para referirse a algo.
Ejemplos:

Escande el pensamiento, tu nombre.

En ocasiones se confunde con la metáfora: tus pensamientos escanden.
Imagen pertenece a las figuras de Tropos: palabras en sentido figurado, distinto al habitual, para describir determinados conceptos.
La Imagen es una de las fortalezas de la poesía, junto con la fónica.
Noten la sutileza de la poesía con Imágenes en vez de metáforas y la belleza de la fónica.

Tocororo amicu bajo las estrellas
De dónde el ala rota
Amicu baya herida
Cola verde, metal azul, piélago
Late medra velo
Ronquido, resiste, recio
Urde el destino, mar
Del otro lado del bloque, dolor
Tierra, pico, marejada, reflejo
Sal tres loja cima oro coto.

(Inspirada en un texto de Lazara Inocencia Martinez Ferrer, escritora cubana)

18 febrero 2024

Lítote o **Atenuación**: figura retórica que consiste en afirmar algo negando lo contrario:

El Lítotes tiene la función de enfatizar una observación atenuando las connotaciones negativas si las hubiera

El Lítotes pertenece al grupo de figuras de pensamiento y está relacionado con la Ironía y el Eufemismo.

Ejemplo:

No vienen tanto a leer conmigo ahora, como a buscar algún acto milagroso que no los ignore.

No es tanto el desconocimiento como la imposibilidad de la nada para construir.

La Lítote, si bien es un recurso que aplica a frases, me tomo la atribución de sugerir que hay una gran novela de Juan José Saer, Nadie, nada, nunca construida desde el título como Lítote.

Y quedarás sumido
en males no finibles y en olvido.

Fray Luis de León.

***

Una difícil: escribir un texto, pocas líneas, tema amor.
Recurso: Imagen.

Sin clichés, sin lugares comunes, revisen los pleonasmos, eviten las introducciones y explicaciones, no cuenten con adjetivos, no cuenten con el título.

También lo encuentro desafiante.

A ver cómo nos va.

19 febrero 2024

Imagen, amor

En la intimidad del contraste de luz, la composición más honda que la verdad del cuerpo, pardo, café, cobre; amor, susurro entre destellos hirientes del filo del sol que nos demora, apenas, la alegría anticipada de la noche.

20 febrero 2024

Eufemismo: figura retórica con que se sustituye una palabra o expresión desagradable por otra de connotaciones menos negativas:
Se emplea para suavizar o morigerar cuestiones de violencia, guerra, muerte, sexualidad, defectos físicos, tabúes o cualquier cosa que pudiera ser ofensiva, molesta, inadecuada o vergonzosa; tomado como "políticamente correcto", o "educado". Es una figura del pensamiento.

Ejemplo:

Un hombre de color llega sin alas
a la meta del hambre y de la muerte.
Es un ángel desnudo que desafía
La velocidad de las alas.

Carmen Diaz Margarit.

Hombre de color es eufemismo por negro.
Es en la poesía donde las cosas por su nombre de evitan. Es asumir que la palabra directa tiene connotaciones negativas.

***

Con brío agazapado, bajo el vaho de las bocas, el rostro cobre como si le entrara la noche. Los ojos a tiro de venablo atraviesan misterios que no son fáciles de conciliar. Vamos a volvernos poema antes de cualquier beso en espera.

***

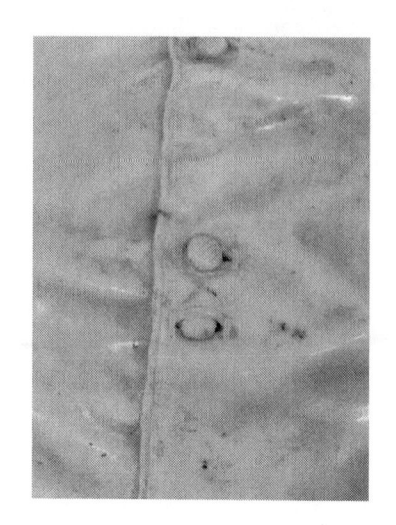

Esto es literatura, usando como metáfora la escultura.

Bernini en la Galleria Borghese, el cardenal Scipione Borghese. Bernini era un detallista, la calidad para incorporar detalles en las obras lo distingue.

En las imágenes, el detalle del botón semi saliéndose o semi entrando –una ambigüedad–, también según la distancia parece una lengua burlándose del espectador. Un recurso habitual en la obra de Bernini: algo que solo nota el observador agudo y es capaz de reflexionar sobre el detalle y buscarle significado.

Esto es literatura: detalles de múltiple significación, con una actitud de reflexión y búsqueda como un detective de las palabras.

Bernini conocía a la perfección su material y dejó una obra extraordinaria.

A los escritores nos toca lo mismo: conocer el material, las palabras y moldearlas hasta lograr la gran obra.

El que cree que sabe moldear sin los conocimientos de Bernini, se engaña a sí mismo –que conocía muy bien las obras de su tiempo y propuso su propio sello.

El que cree que va a ser un escritor sin conocimientos de escritores a los que se puedan llamar un Bernini, se engaña a sí mismo.

¿Es necesario que todos los que desean escribir aspiren a este objetivo?: no.

Pero, cuando publican en redes, en medios, o un libro y se preguntan por qué no los leen, pocos se interesan y ninguno les compra libros, piensen que hay millones de libros interesantes para leer: por qué perder el tiempo con textos precarios sin dimensión literaria.

Estupefacto te quedas al ver la obra de Bernini. Mi preferida, Apolo y Dafne, donde los detalles son asombrosos. La experiencia sensorial que produce Bernini te hace sentir una epifanía.

Una aspiración que espero de la literatura.

No creo que haya algo en el mundo en el que no se esté todo el tiempo estudiando y aprendiendo. La literatura no es excepción: siempre estamos aprendiendo. Lo que no va a pasar es "llegar".

No existe tal límite, apenas una interrupción brusca llamada muerte.

***

En cualquier texto, un espacio es separación de palabras; en poemas el cambiar de línea es un silencio, los espacios comunican el tránsito de respiración poética, de interrupción de discurso, de una detención reflexiva. El lector puede elegir detenerse, volver, ignorarlos. El espacio real, se revela, el medio plano del papel toma relevancia en el significado del poema.

La libertad expresiva del poema es también la libertad expresiva del lector. Es parte de la diseminación de sentido con que impactan los poemas en las diferentes lecturas que convocan.

La sensibilidad poética tiene su misterio, pero se educa, se alimenta, se aprende.

Los poemas articulan procedimientos del mismo modo que cualquier texto, quizás su función es más oculta o enigmática, por ello se dice que los poemas tienen sus lectores particulares, hay alguien a quien está destinado, aquel sobre el que despierta atención y percibe su sentido.

El extremo del uso, son los caligramas. Tengan en cuenta que los artificios literarios responden a una función textual, es decir a un sentido, un significado, un elemento ineludible para su interpretación.

Los siguientes ejemplos, revelan su interpretación en la forma
Poemas de Otto Raúl González, guatemalteco.

Es un
misterio
de negro gato que se
color   duerme en el
el   viejo sofá de
            la sala llena
            de sombrar y
            recuerdos que mueven la cola.
	Una
	garza
	d
	e
	s
	c
	a
	n
	z
	a
	en la
	charca
	cercana
	y
	e
	l
	a
	g
	u
	a
	l
	a
	m
	i
	r
	a
	        a
	f n
	u a

21 febrero 2024

En los lenguajes se analiza todo, las formas de expresión, los recursos, los efectos. En ocasiones detectamos que un texto es aburrido. Aburrido es el efecto, corresponde al lector. Desde el escritor, la palabra es monotonía.

Monotonía: forma de comunicación que refleja el desconocimiento de la variedad del léxico. Se debe a pobreza en el lenguaje.

Se puede aducir que es parte de la función coloquial, el habla de personajes y es válido, pero cuando el narrador no testigo o personaje tiene el mismo registro del habla, se nota pobreza de lenguaje. Aún como registro de personaje, la monotonía no deja de serlo. Es pobre aprovechamiento el simple registro de personaje para justificar el uso.

Algunos de los signos de pobreza en el lenguaje que producen monotonía:
* Usar los mismos términos parecidos o imprecisos, para expresar ideas o pensamiento
* Repetir vocablos vagos o imprecisos que restan calidad a la información (especie, cosa, algo, puso, de lo que es...)
* Usar verbos que sirven para cualquier propósito (hacer, decir, tener, poner, haber, ser, estar, etcétera).

En el documento fijo de este grupo, hay otros vocablos que contribuyen a la monotonía.

Ejemplos:
* Tu perro es de una especie poco común - (Confunde especie con raza).
* No sé a qué cosa te referís - (Cosa en vez de tema).
* El maestro es algo extraño - (Poco en vez de algo).
* Le puso una carta al amigo - (Envió en vez de puso).
* Hablaré de lo que es la inteligencia - (Acerca en vez de lo que es).
* Hacer una casa - (Construir en vez de hacer).
* Hacer un pastel - (Cocinar en vez de hacer).
* Hacer un ensayo – (Escribir en vez de Hacer).
* Tener el primer lugar - (Ocupar en vez de tener).
* La casa tiene 120 metros cuadrados - (Mide en vez de tiene).

22 febrero 2024

Retrato es una figura retórica que consiste en la combinación de la descripción de los rasgos externos (físicos) e internos (psicológicos) de personas:

Es una mujer hermosa (rasgo físico) y buena (rasgo interno)

El Retrato es por lo tanto la combinación de las figuras de Prosopografía y Etopeya:
* **Prosopografía**: describe los rasgos externos o físicos de una persona

- **Etopeya**: describe los rasgos internos o psicológicos de una persona

El Retrato es una figura de descripción perteneciente al grupo de figuras de pensamiento.

Las caras llenas de pintura, manteniendo aún, ya fatigada, la doble expresión de humildad e indiferencia, se deslumbraban con los reflejos de la última luz de la tarde en los remos de los botes sobre el río, trataban de descubrir rasgos personales en los bustos con camisetas blancas que se movían, pequeños, sin mostrar el esfuerzo, a compás.

Juan Carlos Onetti.

El retrato exterior: "llenas de pintura", revela una tipología, la exageración de maquillaje nos coloca el personaje dentro de una idea que ya tenemos como lectores.

Mientras, la descripción del ambiente, coloca un clima de melancolía que infiere una atmósfera.

Este escritor –uruguayo–, tiene la habilidad de relacionar con el ambiente el contraste del adentro y el afuera de los personajes.

1 marzo 2024

La función del lenguaje se presenta como comunicacional, como emisor, como herramienta desde el punto de vista social, pero ese es un objetivo precario.

Como escritores, al modelar la realidad del mundo que queremos construir es importante conocer las funcionalidades y efectos del lenguaje.

Algunas como Función Expresiva, Función Apelativa, Función Metalingüística, etc.

Ya vimos algunas figuras estilísticas e intentos de escribir desde los puntos de vista de ésos recursos.

Una de las más interesantes es la **Función Metalingüística**:

Tiene como propósito **explicaralgún aspecto del lenguaje mismo**

Se enfoca en el **Código** de la comunicación

Ejemplos:

"La experiencia del poema no reside en cada una de sus palabras, sino en la interacción de esas palabras, la música, los silencios, las formas."

Paul Auster.

El análisis sintáctico de las palabras, por ejemplo, saber cuál es sustantivo, adjetivo, preposición, etc., es una acción externa al texto. Pero describir las palabras dentro del texto es una función Metalingüística.
No confundir éste recursos con el Intertexto.
El Intertexto es la relación que un texto mantiene con otros textos, ya sean contemporáneos o pretéritos. El conjunto de textos con los que se vincula explícita o implícitamente un texto constituye un tipo de contexto, que influye en la producción y en la comprensión del discurso (Bajtín, aunque sería Kristeva quien definiría el concepto dentro de Canon literario).
La implicación importante de la intertextualidad es que los textos no son originales o únicos, sino que descansan sobre otros para revelar su estructura y su significado.

El poema de Borges *El Golem*, es metalingüístico.
Comienza así:
Si (como afirma el griego en el Cratilo)
el nombre es arquetipo de la cosa
en las letras de 'rosa' está la rosa
y todo el Nilo en la palabra 'Nilo'.
Jorge Luis Borges.

Por favor, léanlo completo, es paradigmático de éste recurso y es hermoso.

***

El poeta chileno, Sahuenza, dio una bellísima conferencia sobre la música de los vocablos en clave de notas musicales, relación directa con las frecuencias en que se desarrolla el oído. El oído es logarítmico, depende de la presión atmosférica, de la geografía, del clima y las alturas, no es de extrañar los diferentes ritmos y vibraciones. Esa conferencia fue iluminadora, fui a comprar su obra, solo encontré *Colonos*, pero me hubiera encantado que publicara esa conferencia-ensayo. Desde todas las épocas la poesía toca fibras que solo puede la música misma.

4 marzo 2024

Figuras poéticas que dicen, están en desuso, no es algo que crea posible, hay un ritmo interior, ineludible, con el que se compone la escritura, a veces personal y marca una música que a veces rechazan y a veces encanta. Todo escritor tiene que descubrir ese ritmo propio, comprenderlo y utilizarlo a su favor. Y no solo en poesía, uno en cualquiera de los géneros que emprendan.

La poesía con estos factores ya no se escribe, dicen, pero es tan fuerte la relación silábica y sus efectos que pasa desapercibida su importancia, parece "natural", pero no lo es, es educación adquirida por el lenguaje y su musicalidad. Y el mundo está plagado de ello, de esto se hacen canciones. El llamado ritmo musical se organiza silábicamente y su efecto es incantatorio, a veces, es todo lo que hace falta: el silabeo.

Recursos poéticos:

Sinéresis, recurso que consiste en ligar las vocales de un hiato creando un diptongo artificial para disminuir en uno las sílabas del verso.

Ejemplo:

Es una noche de invierno. (8).
Cae la nieve en remolino. (8 Serían 9 sílabas).
Los Alvargonzález velan (8).

un fuego casi extinguido. (8).

Antonio Machado

La diéresis consiste en separar en dos sílabas diferentes dos vocales que pertenecen a una misma sílaba. De modo que cuando se produce una diéresis se añade una sílaba al recuento silábico del verso.
Por lo tanto, es la acción contraria a la sinéresis.
La sinalefa: figura retórica que consiste en pronunciar en un solo golpe la última sílaba de una palabra con la primera sílaba de la siguiente palabra. De manera que se une la última vocal de una palabra con la primera vocal de la siguiente palabra.
No puse ejemplos de los dos últimos, a ver si se animan a escribirlos.

7 marzo 2024

Apóstrofe, figura retórica que consiste en interrumpir brevemente el discurso para invocar con vehemencia a seres reales o imaginarios.
Apóstrofe influye en el plano afectivo del lector u oyente para identificarse con el personaje y comprender mejor sus pensamientos y emociones:
El tono melodramático, plegarias y oraciones usan este recurso.
También en publicidad y política por su capacidad expresiva y apelativa.
El Apóstrofe pertenece al grupo de figuras de pensamiento.
Emplea la 2ª persona gramatical y suele ir acompañado de signos de exclamación o interrogación. Está relacionada también con la figura de Optación. No se debe confundir la figura de Apóstrofe con el signo ortográfico Apóstrofo, que es el tilde que acompañan nombres y otras palabras, como Mac'.
Signo de puntuación en forma de coma volada o elevada (') o comilla simple de cierre (') utilizado en lenguas que utilizan el

alfabeto latino, así como en sistemas de romanización de diversas lenguas, como el árabe, el hebreo o el chino mandarín.

Pero...¿están ahí? O son universo abstracto, hegeliano o nóumeno kantiano, ya que la cosa en sí, solo puede ser pensada pero no conocida. ¿Están? ¿¡Son!?

11 marzo 2024

Muletilla, como las frases hechas y clichés, son tentadoras; se las tiene por innecesarias, son apoyo, a veces sin intención, de un vacío al expresar duda, o falta de argumento.

En literatura es un elemento más en la construcción de mundo; como uso semántico que puede usarse en registro de habla de personaje.

Es de los recursos con mala prensa que se usa en dramaturgia, pero en la escritura se evita. En una novela colombiana escuché –no sé cuál, escuché de casualidad porque presto atención a los recursos lingüísticos–, usaban el vocablo:"Todoelmundo" –no es contracción, que es un recurso morfológico que une dos palabras para formar otra como lo es cubrecama–. El personaje tenía ese mote por usar la Muletilla, de manera que producía una ambigüedad interesante: no se sabía si se refería a sí mismo en tercera, o si era Muletilla. Lo que convierte algo negativo, en un procedimiento literario ingenioso, una forma de darle un sentido al rumor, con y como personaje de la propuesta novelística.

Se repiten por costumbre.

Salvo casos de convertirlo en registro de personaje o recurso literario, mejor evitarla. Los vanguardistas las han usado por fónicas, repeticiones fractales, e incluso en canciones y musicales.

Muletillas comunes:
Pues.
¿Qué te iba a decir?
Digo.
¿No?
Obvio.
Sí, claro.

Venga.
Vale.
¿Verdad?
Boludo.
¿Me explico?
¿Entendés?
Fíjate lo que te quiero decir.
No es porque yo lo diga.
O sea.

También hay sesgo geográfico, la muletilla se forma con modas para hablar, empiezan con lenguajes claves entre adolescentes, como "manzana", en reemplazo del "fruta", que a su vez es recurso simbólico.

Perdón la autoreferencia, en mi libro *Errancias del ayes*, usé el recurso de Muletilla y lo convertí en un lenguaje. Proviene de la Muletilla "ay", que suele usarse como forma de suspiro, queja, relleno de aburrimiento, que tomé para un ensayo sobre la idea que constituye un lenguaje en sí, no como intersección u otras: un lenguaje completo como única palabra.

Las Muletillas son un vicio del lenguaje, no aportan información relevante y denotan falta de vocabulario o competencia comunicativa.

En textos cortos, es como faro, negativo. ¿Quien se anima con un texto corto usando Muletilla, y que resulte interesante?

19 marzo 2024

Onomatopeya: figura retórica que consiste en utilizar palabras cuya pronunciación imita o sugiere sonidos naturales.

La Onomatopeya se forma por:

Interjecciones: ¡pam!, ¡zas!, ¡paff!, ¡brummmm!...

Aliteraciones: se repiten sonidos a lo largo de diferentes palabras:

"En el silencio sólo se escuchaba un susurro de abejas que sonaba" –la repetición de las eses imita el zumbido de la abeja.

La Onomatopeya forma parte del grupo de figuras de dicción.

Un asunto interesante es que las onomatopeyas se introducen a través de los comics, pero vi en comics de países como Turquía, que no son las mismas que conozco, de esos mismos medios.

Me ocurrió tratar de inquirir de qué carne estaba hecho un bocado y no lograr hacerme entender replicando onomatopeyas: muu, beee, guauu, miauuu. Ni en China, Corea, Japón, Egipto, países del Este y otros, las onomatopeyas más que un recurso de dicción, parecen un recurso de oído.

Lanzo la cuestión siguiente: uno de los poemas famosos, es El cuervo, de Edgar Allan Poe, publicado en 1945.

Reproduzco la frase más famosa:

"Only this and nothing more".

"Sólo eso, y nada más."

En el original, se escucha con un sonido parecido al graznido de un cuervo.

Bajo ese supuesto, qué opinan: ¿se puede considerar onomatopeya la frase?

***

Hay polémicas por el tema. Es un tema de oído. No pude creer que si digo muuu, no me entendieran que es una vaca. En Turquía, Egipto, etc, no existen las vacas. Ni el beee, porque no existen las ovejas – hay chivos–. No sé cómo suenan los cuervos que oía Poe, pero los críticos aseguran que suena así. Es interesante la polémica porque expone la importancia del entrenamiento del oído musical en la diversidad de lenguajes y propuestas poéticas.

***

En ocasiones utilizo el recurso de fónica y palabra, sobre todo en poemas y he notado el sesgo de oído masculino y femenino. Aunque ambos son construcciones sociales, de geografía y lenguaje.

Creciendo enseñan a los niños imitando sonidos, luego, esa "ilustración" auditiva va a un texto con la representación de signos y así van pasando las deformaciones e interpretaciones.

20 marzo 2024

El relato, se diferencia del cuento en que pasa el tiempo – además de no requerir las otras características.
El relato más corto del mundo es: Tic Tac.
Qué opinan: ¿es onomatopeya y a la vez relato?

***

Desafío: crear onomatopeyas de cosas que no se oyen ¿se puede?
Por ejemplo: cómo es la onomatopeya del sonido de la luna.
Cómo imaginan un ruido para la luna.
Dentro de un relato, cuento o poema.

***

Sobre onomatopeya, hay propuestas interesantes, porque no responden a modelos reconocibles.
Apelan al sentido del oído. Ahora, un ejercicio interesante es convertir esa onomatopeya, en una descripción de imagen y también sonido. Ambas.
Es usual decir "sentí que...", que es una forma de explicación y difícil de suplantar, porque coloca la impresión del personaje.
La onomatopeya, es una traducción: ocurre afuera del personaje, el personaje lo detecta...¿o no?
Transgredir condicionantes de los recursos.
Un famoso cuento de Poe: *El corazón delator*, es uno de esos relatos que apelan a estos recursos y es un éxito por esa puesta en escena: onomatopeya, imagen.
A ver si se animan a imaginar un texto con estas características, no necesariamente de terror.

***

Somos una especie para la que los sonidos no son solo alertas, sino disfrute: canciones, recitados; hay una cadencia que incluso se desarrolla por geografías: tono, dicción, ritmo.

Las onomatopeyas son sonidos externos que traspasan su presencia y conexión con el mundo y si otros, a través de sus sonidos, captados por nuestro aparato traductor de sentido.

Las onomatopeyas replican lo que el oído compone: plic, plic, plic, suena la gota que cae sobre un vidrio. Cómo suena la misma gota sobre un cartón: ploc, ploc, ploc, y probablemente requiera descripción.

Sin embargo en ambas hay dos características: repetición y ele, que refiere al agua.

La mente fábrica interpretación con esos detalles.

Ejemplo:

Plic, plic, plic, el dedo interrumpe el camino de la gota; ahora rebota y salta, ploc, ploc, al piso de madera; se filtra por las rendijas, por la carretera de las junturas,

Pluc.

Dejo en suspenso para analizar: con onomatopeya puse una idea, la descripción de la acción, justifica la segunda onomatopeya. Y prepara la escena para la tercera, ya sin explicación.

Qué les sugiere que pasó.

***

Hay una bella serie francesa, de animación, que se llama *Minúscule*. Trata sobre el mundo de pequeños insectos y sus tribulaciones. Es hermosa la serie la recomiendo mucho. Lo interesante es que el sonido es de cada insecto, pero el espectador "escucha" en el propio lenguaje humano, lo que pasa.

Y lo hacen replicando en la onomatopeya las variaciones de tono, la velocidad, la detención y algo más que interesante: ya Cortázar lo utilizó en uno de los capítulos de *Rayuela*, el Glíglico, por qué lo entendemos: porque respeta la gramática española, sujeto, verbo y predicado y sus variantes. Luego las palabras están armadas según el objetivo, establecen una imagen amorosa –y no pasional–, por la elección de sonido de las palabras.

En *Minúscule*, se logra con la onomatopeya del sonido de los insectos y algo más allá de la interpretación en el español, que si bien coincide con el francés, porque ambos lenguajes derivan del latín, en inglés se entiende también.

La onomatopeya es un recurso que tiene fama de infantil, pero vamos descubriendo que es un recurso interesantísimo para diseminar el sentido, siempre que no sea meramente nominativo y ofrece interesantes usos para experimentar y explorar en literatura.

***

Paradoja consiste en la unión de dos ideas opuestas que resultan contradictorias, pero que pueden estar encerrando una verdad oculta:

Al avaro, las riquezas lo hacen más pobre (el rico nunca se sacia, sufre porque nunca es suficiente).

La Paradoja funciona como causa de asombro y reflexión sobre una realidad compleja.

La Paradoja pertenece al grupo de las figuras de pensamiento.

No confundir la Paradoja con las figuras de Oxímoron y Antítesis:

• **Oxímoron** produce contradicción e incoherencia entre dos términos contiguos: hielo abrasador.

• **Antítesis** no existe contradicción entre las oraciones o palabras contrapuestas: eres como rosa de Alejandría que se abre de noche y se cierra de día.

Ejemplo:

Yo te amo para comenzar a amarte, para recomenzar el infinito y para no dejar de amarte nunca: por eso no te amo todavía.

Pablo Neruda.

21 marzo 2024

Describí el recurso de paradoja. En el siguiente poema, qué opinan, ¿hay paradoja?
Dulce María Loynaz, cubana.

"Si me quieres, quiéreme entera,
No por zonas de luz o sombra...
Si me quieres, quiéreme negra
Y blanca, y gris, verde, y rubia,
Y morena...
Quiéreme día,
Quiéreme noche...
¡Y madrugada en la ventana abierta!
Si me quieres, no me recortes:
¡Quiéreme toda... O no me quieras!"

***

Hace referencia al color, como metonimia de razas. Si algo nos caracteriza a las mujeres de América Latina es la diversidad de razas, de colores. No es que entremos a los poemas porque sepamos a qué refieren. Cada texto tiene su mensaje particular para cada lector.

22 marzo 2024

Resulta extraño que se tenga por recurso asuntos de valores estéticos que no se ponen de acuerdo entre sí, como la belleza y elegancia, o ennoblecer una expresión.

He notado que mientras en la novela clásica eran un recurso que la retórica considera representativa de la poética de una época, en nuestra era, la era de la Internet suena artificial, a montaje pretencioso.

Hipérbaton, Inversión o Transposición es una figura retórica que consiste en alterar el orden lógico de las palabras de una oración:

Volverán las golondrinas en tu balcón sus nidos a colgar.
G. A. Béquer.

Lo lógico sería: "Las golondrinas volverán a colgar sus nidos en tu balcón".

El Hipérbaton se define como un recurso que dota a la expresión de belleza y elegancia, que produce énfasis en las palabra o idea que se quiere destaca; en poemas se usa para adaptar el verso a una determinada rima, y es en esta función donde aún tiene injerencia.

De origen, el efecto de "ennoblecer" la expresión proviene de imitar la estructura sintáctica del latín, distinguiéndola del habla popular; en oposición al estilo barroco del siglo XV.

El Hipérbaton pertenece al grupo de las figuras de dicción.

No es casual que sea una figura estilística casi obligatoria en los poetas del Siglo de oro.

De verdes sauces hay una espesura.
Garcilaso de la Vega

Del salón en el ángulo oscuro
de su dueña tal vez olvidada
silenciosa y cubierta de polvo
veíase el arpa.

Gustavo Adolfo Becquer, Rimas VII

Con tanta mansedumbre el cristalino
Tajo en aquella parte caminaba
que pudieran los ojos el camino
determinar apenas que llevaba

                                Garcilaso de la Vega, Égloga III

Pasos de un peregrino son, errante,
cuantos me dictó versos dulce Musa
en soledad confusa,
perdidos unos, otros inspirados

                                  Luis de Góngora, Soledades

Donde espumoso el mar siciliano
el pie argenta de plata al Lilibeo
pálidas señas cenizoso un llano
del duro oficio da

                                  Luis de Góngora, Soledades

Pidió las llaves a la sobrina del aposento...
Cervantes, Don Quijote
A Dafne ya los brazos le crecía...

                                  Garcilaso de la Vega.

No considero que haya formas y expresiones que no se puedan usar, pero este recurso es riesgoso, porque introduce un aspecto de la fónica y registro de expresiones que vuelve ampuloso un texto.

Y algo un poco cómico: es el recurso que se usó en el personaje del Jedi, de La guerra de las galaxias. Lo que cristaliza la técnica en una artificialidad y relación con ese personaje.

¿O no?

Por ejemplo, qué opinan del poema más famoso del mejor poeta del Siglo XX,

Cesar Vallejo, peruano (¿hay hipérbaton?)

Los heraldos negros

Hay golpes en la vida, tan fuertes… ¡Yo no sé!
Golpes como del odio de Dios; como si ante ellos,
la resaca de todo lo sufrido
se empozara en el alma… ¡Yo no sé!
Son pocos; pero son… Abren zanjas oscuras
en el rostro más fiero y en el lomo más fuerte.
Serán tal vez los potros de bárbaros Atilas;
o los heraldos negros que nos manda la Muerte.
Son las caídas hondas de los Cristos del alma
de alguna fe adorable que el Destino blasfema.
Esos golpes sangrientos son las crepitaciones
de algún pan que en la puerta del horno se nos quema.
Y el hombre… Pobre… ¡pobre! Vuelve los ojos, como
cuando por sobre el hombro nos llama una palmada;
vuelve los ojos locos, y todo lo vivido
se empoza, como charco de culpa, en la mirada.
Hay golpes en la vida, tan fuertes… ¡Yo no sé!

24 marzo 2024

Pregunté sobre si "Tic tac", que es onomatopeya, podría considerarse cuento o relato.

La respuesta de alguien descartó ambas, y señaló asuntos de arte. Comentaré al respecto, porque me resultaron interesantes los ejemplos, me da pie a comentar el tema.

Se refirió a que es una tontería snob, como el que dibuja una pincelada y dice que es una obra, o dibuja una lata de tomates (supuse que refiere a Warhol) y afirma que es arte.

Y sí, pinceladas, y latas de tomates son obras de arte.

Dalí, tiraba tachos de pintura en paredes, firmaba: Dalí. Y se convertía en un mural de millones de dólares.

Las latas pintadas por Andy Warhol valen millones.

El mingitorio de Marcel Duchamps igual, y creó una escuela; el ready made.

Porque las cosas son comunes, la pintura como material lo es, lo que la convierte en arte, es el artista, la intención, el gesto, el salirse de la lira. Tic Tac tiene un sentido, incluye el tiempo, es considerado el relato más corto del mundo.

Anécdota: en un concurso de cuentos más cortos del mundo, lo ganó alguien que hizo esto (salió publicado en una revista literaria, y el premio era la publicación del cuento): La página decía (no cito, solo doy la idea): "Este es el primer premio del cuento más corto del mundo, y trata sobre cómo lo gané". Dabas vuelta la página y estaba toda en blanco con una sola palabra en el centro: Así.

Tengan en cuenta que el gusto personal y adjetivos como "tonteras", no son opiniones literarias. Hay un mundo detrás de cada propuesta que hace referencia a un ismo, a una revolución, a un fondo en el tiempo que podríamos estar desconociendo.

Por ejemplo, leí por primera vez a cierto poeta peruano. Lo denostaba alguien porque en el texto se leía muchos sobre la comida, había metáforas con la comida, escenas, en fin, múltiples referencias; lo tildó de "muerto de hambre", sin embargo hay grandes escritores que incursionaron por el mismo procedimiento, entre ellos, el más grande poeta del siglo XX: César Vallejo, pero igualmente escritores considerados academicistas como Octavio Paz, etc.

A escala personal, tenemos un mundo pequeño, descartar por gustos personales y clasificar tonteras, nos deja en un espacio más reducido aún, porque no permite comprender otros ángulos.

"Tic tac", es un cuento, de los que tiene un sentido y el tiempo incluido, por qué: porque entre sus interpretaciones no es solo un reloj analógico –que las nuevas generaciones desconocen. Muestren a un adolescente un reloj analógico y pregúntenle qué hora es–, sino que también representa una bomba, o el fin de tu tiempo, o el fin de algo. O el comienzo de algo, algo inminente. Las múltiples interpretaciones, son una lectura polisémica: tiene diversos sentidos; que es todo lo que le hace falta a un cuento.

Sobre el arte: el arte no es meramente una experiencia sensorial que impacta o no por sí mismo, el arte es también una revolución, como el mingitorio, o es una "conversión", en el caso de la lata de tomates, fue un gesto de pasar algo publicitario a categoría de arte.

El mingitorio fue un manifiesto, fuerte y grande: cualquier objeto es arte, el artista es el que lo convierte en arte.

Todos usamos palabras: es el escritor el que las convierte en literatura.

Cada una de las revoluciones del arte que sobreviven es porque han ido más allá de lo existente y han producido nuevas visiones, nuevos movimientos, pero cuáles: para saberlo, hay que conocer qué está dándole sentido al gesto.

En este Taller estamos viendo eso de "fondo", lo que necesitamos saber para "despegarnos" y crear eso nuevo que hará del texto algo especial, original, que empuja nuestro tiempo.

Lo que no va a pasar es que de la "inspiración", sin conocimiento de lo que están haciendo salga algo diferente que lo que ya "tienen" miles de otros que escriben: palabras.

La literatura ya sabe lo que intentamos escribir: cuál es nuestro mingitorio o nuestra lata de tomates: ese es el camino del escritor. Mientras crean que son tonteras: no comprenden ni qué escriben y es el camino largo.

Sobre que igual se lee y escribe sin saber estas cosas: sí. Y qué. Cada uno elige en qué quiere convertirse.

No hay necesidad de que todos pretendamos lo mismo en la vida, además de que posiblemente es improbable. y quizás no hay talento para eso. Pero para mí, es lo que vale la pena.

Pregunté a dos personas que compartieron su material con nosotros sobre qué recursos literarios usaron, brevemente dijeron: así les salió. No comprenden lo que han escrito, tampoco entonces, tienen elementos para opinar sobre otros textos fuera del "me gusta", u otros.

En este taller intento ponerles argumentos y "fondo" (no quiere decir que yo los tenga, estoy en la misma búsqueda).

Anímense, entendiendo recursos y procedimientos de otros y de los propios textos es como se enriquece el bagaje del escritor. No va a pasar flotando en la frase "me salió así", estarán en manos de los ánimos y la ignorancia ajena: es un camino largo y frustrante.

Opinión.

***

Tic tic a las dos, a la cuatro, a cualquier hora de la madrugada, la vecina del piso de arriba se descalza. Tic tic, un objeto artístico, seguramente sensual; a las tres, fracaso estrepitoso. Tic Tic antes de medianoche, prácticamente una operación de abandono. Tic tic, a cualquier hora; tic tic; le voy a dejar una nota de queja por debajo de la puerta.
Tic tic, toc toc.

Antalia Isim.

Las onomatopeyas sirven en otros contextos, y en tanto generan más de un sentido, se convierten en polisemias. Y a su vez, detonan el sentido de otras.

28 marzo 2024

Sinonimia: figura retórica que consiste en la acumulación reiterada de sinónimos, con el objetivo de aumentar la precisión descriptiva.
La Sinonimia es una figura de acumulación perteneciente al grupo de figuras de dicción.
Ejemplos:

La gloria, el éxito, la popularidad, el espejismo de ser conocido, estimado y admirado... se presenta de distinta manera a los ojos de los escritores.

Pío Baroja

Pérfidos, desleales, fementidos,
crueles, revoltosos y tiranos:
cobardes, codiciosos, malnacidos,
pertinaces, feroces y villanos;
adúlteros, infames, conocidos
por de industriosas, más cobardes manos.
Fragmento de *El cerco de Numancia*, de Miguel de Cervantes.

Ejemplo:

El odio se extiende como el óleo, brilla, fulgura, encandila, rutila, fulge, mata los habitantes bajo el agua, pero no se los ve morir, se los niega; el odio lo toma todo, incluida la luz.
Antalia Isim.

2 abril 2024

Antítesis o **Contraste**: figura retórica que consiste en oponer ideas empleando palabras antónimas o frases de significado contrario, cercanas en proximidad y de estructura gramatical similar:
- Un pequeño paso para un hombre pero un gran paso para la humanidad.

La Antítesis tiene la función de enfatizar una idea ayudando a comprender mejor su significado. Pertenece al grupo de figuras de Pensamiento.

No confundir la Antítesis con las figuras de Paradoja u Oxímoron:
- La Paradoja es la unión de dos ideas opuestas que resultan contradictorias: "al avaro, las riquezas lo hacen más pobre".
- El Oxímoron produce contradicción e incoherencia entre dos palabras seguidas: hielo abrasador.

***

Paradiástole o **Distinctio** es una figura retórica que consiste en usar palabras de significado similar, pero dejando claro que son diferentes. Es decir, manifiesta la inconveniencia de considerar como sinónimos dos términos.

Ejemplos:

No todo alabar es bien decir.
Baltasar Gracián

El amor es infinito,
si se funda en ser honesto,

y aquel que se acaba presto,
no es amor sino apetito.

Miguel de Cervantes

Conocer no es lo mismo que saber.

Vicente Aleixandre

No vamos a ser un gran amor, vamos ser un gran poema.

Antalia Isim.

3 abril 2024

Elipsis, **Elipse** o **Construcción Elíptica**: figura retórica que consiste en omitir voluntariamente elementos de la oración que se sobreentienden por el contexto:

Lo bueno, si breve, dos veces bueno. Se omite el verbo "ser", Lo bueno, si es breve, es dos veces bueno. (Gracián).

Tiene la función de dar un mayor énfasis a la parte de la oración que no se omite a la vez que proporciona a la expresión una mayor fluidez, energía y poder sugestivo.
    La elipsis es un fenómeno que pertenece al dominio de lo implícito. Algunos la entienden como un mecanismo de la cohesión textual.
    Pertenece al grupo de las figuras de dicción.

Es una figura característica del barroquismo de Quevedo y Gracián y que también está muy presente en el Refranero Popular.

Por su estructura también es similar a las figuras retóricas de Enumeración y Zeugma.

Ejemplo:

El poema consuela. Tiene el poder. (Se ha elidido el sustantivo referirse al poema, en la segunda frase)

Zeugma: figura retórica que consiste en utilizar una única vez una palabra que es necesaria emplearla más veces en el texto o discurso. El Zeugma es una figura de omisión perteneciente al grupo de figuras de dicción.

Ejemplo:

La vi marchar, pero no volver.

Simplificación de "**La vi** marchar, pero no (la vi) volver".

6 abril 2024

Desafío: hay temas que dice gente mayor, que están agotados. Por ejemplo escribir sobre la vaca.
La historia cuenta que en la escuela, por generaciones, antes de entrar en la segunda etapa de escolaridad, que aquí se llama secundarios, era una fórmula que la maestra te hacía escribir: "composición tema la vaca".
Introducción sarmientina, ya que en esa época, tanto el hijo del dueño de la estancia, como el del peón, asistían a la misma escuela. La vaca era un elemento que ambos conocían.
Debido a ello, generaciones tuvieron el tema como una especie de "examen" para desarrollar la imaginación y la escritura.
Hay un prejuicio sobre que ya nada se puede decir de la vaca que no se haya dicho, sin embargo no creo que exista tema agotado o que no sea literaturizable, si fuera el caso, nada se ha escrito más que del desamor y estaría agotado, "sin embargo se mueve".
El desafío: escribir composición tema la vaca, ahora munidos de algunas figuras estilísticas.

La composición literaria, es un texto que aplica formas consideradas elegantes, coherentes –correctas gramatical y ortográficamente–, cohesión y adecuación –lo que sea que interpreten de esos términos.

Composición tema: la vaca.

7 abril 2024

Composición tema la vaca. Recurso anfibología.

En el universo inflamado de hierbas, la vaca móvil, constante y estulta, desbroza; lleva a los dientes lo invisible que no puede ser callado y rumia; la hierba inmóvil existe para ser devuelta en las fisuras de la tierra, bosta y metano, la vaca y la hierba, especies simbióticas.

***

Anfibología: recurso del empleo de premisas cuya formulación es erróneo o falaz, de significado ambiguo y puede tener diversos significados:

La muerte es el fin de la vida, por lo tanto, la vida debe tener como fin la muerte.

Se juega con la ambigüedad del significado de la palabra "fin"

Hay variados recorridos para este recurso, lo que hace que se clasifique a veces, hasta por su intención.

Es un tipo de argumento que se analiza dentro de la matemática, como funciones lógicas. Lo que produce un interesante contacto entre literatura y matemáticas y con resultados que exponen la importancia del análisis semántico, sintáctico, contexto, etc.

Para el análisis de la falacia, se usa lógica en la deducción – Lógica en el sentido matemático.

Argumentum Ad Lazarum es una falacia que consiste en hacer creer que algo es cierto porque quien lo ha dicho es pobre, humilde o sencillo ya que se considera que la experiencia de vida habilita y dota de veracidad sus afirmaciones.

Ejemplo:

Los religiosos tienen un conocimiento más profundo del sentido de la vida ya que han hecho votos de pobreza y viven apartados de las distracciones mundanas del dinero.
Falacia, hay personas han logrado dar un sentido pleno sin necesidad de vivir en la pobreza.

El esquema lógico de esta falacia es el siguiente:
En análisis matemático:
A afirma que B es cierto
A es pobre
Entonces B es cierto.
Trata de una falacia, ya que se llega a conclusiones falsas.
Esta falacia es la opuesta a la de *Ad Crumenam* –apelación a la riqueza.
Ejemplo: Ya es rico, entonces no va a robar.
Luego, introduce otra falacia encubierta, definir que los religiosos tienen un sentido profundo de la vida.
Relacionar sistemas de aseveraciones basadas en premisas falsas: anfibología.

11 abril 2024

Solecismo: construcción incorrecta de una oración; errores sintácticos de concordancia. Se puede originar por:
• Errores de concordancia: hacen años que no lo hago (hace)
• Mal empleo de preposiciones: de conformidad a lo establecido (con)
El Solecismo es un vicio del lenguaje; denota uso vulgar o iletrado del lenguaje.
No confundir con Anacoluto.
Anacoluto: modifica una construcción sintáctica apelando a la ruptura gramatical.
Ejemplo:
El postmodernismo es cuando los autores son escépticos.

El Anacoluto es pariente del Solecismo. Salvo registro del habla de un personaje, mejor evitarlos, no favorecen los textos.

15 abril 2024

Concepto: figura retórica que consiste en una Metáfora elaborada que establece una relación de similitud entre conceptos o ideas distintas.

Ejemplo:

Se gradúan de comentadores, comienzan en proyectos como encerrarse en una casa, ni estudian o lo piensan y se entrenan entre sí en la mentira, el agravio, la traición; se diploman en armar mentiras verosímiles. Y si acaso fueran profesionales en algo se cuestionan las universidades, no por su calidad, sino por su gratuidad.

Ana Abregú.

25 abril 2024

Mímesis: o mimesis, concepto estético que consiste en imitar la naturaleza o los hechos como son.
Diégesis: consiste en representar una historia cuyos hechos difieren de la realidad y pueden llegar a contradecirlos.
Y es en este recurso cuando se expande la creatividad del escritor.
Es usual que la Diégesis se emplee en fábulas, fantasía, ciencia ficción, etc.
Mímesis, en documentación de hechos históricos.
Me gusta señalar este ejemplo como un texto con diégesis que se toma como mimesis: "La revolución es un sueño eterno", una excelente novela de Andrés Rivera, argentino, un libro que relata los últimos días de la vida de Castelli, "el orador de la

revolución", emblema de cómo la vida carcajea, ya que muere de cáncer de garganta.

El libro es diegético, nada se sabe, documentalmente, sobre la vida de Castelli, y el propio escritor, historiador, lo ha declarado; el libro es una prueba de cómo la literatura, la escritura, el estilo, la forma, los recursos, construyen un "realidad" –he ahí la calidad del escritor–. Está tan bien escrita que a pesar de las advertencias del escritor, de no ser real, las escuelas han llegado a proponerlo en las currículas como libro histórico.

Suele sostenerse argumentos que "fueron reales", es un argumento irreal: lo real no existe, las palabras construyen y depende de cada persona. A veces se confunden hechos con realidad.

Qué otros libros conocen con estas características.

30 abril 2024

Una digresión, para compartir este poema del peruano Mario Montalbetti. Adhiere a aquella opinión de Enrique Verástegui, también peruano, que no hay palabras ni tema no literaturizable.

Algunos quizás no lo saben, pero se desarrolla la 48 Feria Internacional del libro de Buenos Aires, Mario Montalbetti fue uno de los invitados para el cierre del XVII Festival de poesía. En la revista *Metaliteratura* está la nota y el video completo, en el que se incluye la lectura de éste poema:

La teoría del poema de Juan Román Riquelme
El cuatro está solo, dice Juan Román Riquelme,
y esa frase es la primera parte de su teoría del poema.
No se trata de un elogio de la soledad del cuatro
sino de un elogio de la soledad del espacio
que se abre alrededor del cuatro.
El cuatro es el cuatro argentino, es decir, el lateral
Si hay mucha gente por acá, Iniesta va por allá y el cuatro está solo.

Si vas por la autopista y hay un atolladero
entonces doblás, dice Juan Román Riquelme,
y vas por donde no hay congestión.
El símil es con el poema.
Si estás escribiendo un poema
y ves que hay muchas palabras delante de ti,
te desviás y vas por donde hay pocas.
Hay quienes, a veces locos, a veces genios,
ven un atolladero y se meten por ahí.
Messi, Góngora, gente rara que aborrece la soledad del espacio.

Mario Montalbetti.

1 mayo 2024

Aféresis: figura Retórica que consiste en la eliminación al inicio de una palabra de alguno de sus sonidos. Relacionada con apócope o síncopa.
Ejemplo:
Psicología: sicología.

Apócope: figura retórica que consiste en la eliminación de algún sonido al final de una palabra.

Ejemplo:

Es un buen abogado (por abogado bueno).

Síncopa: procedimiento que consiste en suprimir fonemas en el interior de una palabra. De uso en el lenguaje coloquial (cantado por cantao).

A la síncopa se deben procesos de evolución de las lenguas, incluido el español desde el latín: comparare → comprar.

Tipos de Síncopa

Síncopa en fonemas vocálicos: (collocare → colgar, límitem → linde)
Síncopa en fonemas consonánticos: (integrum → entero)
Síncopa en sílabas completas: (recitare → rezar)
Ejemplos:
cantado → cantao
collocare → colgar
límitem → linde

4 mayo 2024

Arcaísmo: empleo de palabras o expresiones que resultan anticuadas o cuyo uso está en declive:

El Arcaísmo es un vicio del lenguaje, puede afectar la comprensión del mensaje disminuyendo la calidad de la comunicación.

Los arcaísmos son palabras correctas –están en el diccionario– entre un arcaísmo y una palabra cotidiana, hay que estimar la estética y literalidad del arcaísmo y si es innecesaria, preferir la cotidiana.

En algunos contextos los arcaísmos son necesarios, como en el lenguaje jurídico:
• Obró con alevosía → actuó con alevosía
• Auto judicial → expediente judicial

Depende del sentido literario la función textual de un arcaísmo, por ejemplo, con función de lo coloquial para un personaje de época distinta.

Ya he comentado sobre la palabra "tirifilo"; la personal historia que tengo con esa palabra, que me resulta graciosa, va extendiéndose.

Me llevó hasta el Archivo Mariátegui, peruano en su texto: Cómo mató Wilmann a "Tirifilo".

Los arcaísmos son muecas del pasado del lenguaje que se cuela en el presente, pero es interesante retroceder en lecturas para encontrarles sentido en la época en que tuvieron un presente.

5 mayo 2024

Fe es un asentimiento subjetivamente suficiente, pero con conciencia de ser objetivamente insuficiente. El saber, en cambio, es un asentimiento subjetivo y objetivamente suficiente; y la opinión, por su parte, es asentir a algo por fundamentos objetivos, aunque con conciencia de ser insuficientes.

°Immanuel Kant

14 mayo 2024

Gabriel García Márquez sufre del mal del Quijote, lo oyeron nombrar pero no lo leen. Del Quijote se repiten frases que incluso, se duda de su inclusión en el libro, negándolas en casos, olvidando que es un texto que ha mutado miles de veces, se ha interpretado y vuelto a escribir y en cada versión se incorpora la interpretación del traductor, que no traduce del español antiguo – hace años que esa versión no circula–, sino que interpreta traducciones de traducciones.

De GGM se cita permanentemente algo que se reitera hasta el cansancio, mal interpretado y meramente para esconderse detrás de un comentario desafortunado: "la ortografía no importa", o algo así. Lo dijo en el discurso de recibimiento del Nobel.

Los que asumen esa frase descontextualizada no leyeron, por ejemplo, Ojos de perro azul o La hojarasca; no tienen mucha idea de por qué ganó el Nobel tampoco, pero repiten eso como si el mantra los igualara en talento.

Tampoco leyeron o escucharon lo que sigue a esa frase. Aquí pego un fragmento de Entrevista a Gabriel García Márquez, en la UNESCO

Para los que lo citan por creer que su torpeza en admitir sus faltas de ortografía y errores gramaticales –teniendo una cohorte a su disposición para solucionar ese problema–, también tengan en cuenta que dijo esto:

«No me explico cómo alguien se atreve a escribir una novela sin tener una idea vaga sobre los diez mil años de literatura que tiene atrás y saber por lo menos en qué punto se encuentra él mismo. Le falta, por último, el trabajo diario. Saber que eso no baja del cielo, que hay que trabajarlo letra por letra, todos los días.»

Agrego fuente:
https://courier.unesco.org/.../gabriel-garcia-marquez-el...

Tómense un momento de reflexión y retrocedan a la tentación de creer que se convierten en escritores porque escriben. Antes, hay que distinguir qué escribimos, cómo lo hacemos.

Nadie les va a negar el "título" de escritores porque escriben, pero tengan en cuenta que hay lectores y lectores y aunque no hay que escribir para ningún tipo de lector, hay literatura. Y hay una gran literatura que nos precede, ignorarla es el camino largo.

15 mayo 2024

Las cuestiones literarias de los textos van a incluir, irremediablemente, al narrador. También en poesía, donde el yo lírico coincide con el yo escritor.

Pero no significa que hay que respetarlos como regla, sino construir un narrador que justifique desajustarse, como una propuesta del texto. Si los desajustes ocurren solo por desconocimiento, se notan.

Para ilustrar y en homenaje a Paul Auster –recientemente fallecido–, comentaré el procedimiento en la novela *Ciudad de Cristal*, sobre cómo empieza la novela: el protagonista, Quinn, atiene el teléfono donde le preguntan por Paul Auster. Observen aquí: el narrador no es Paul Auster, el escritor; es un narrador tercera ficta: sigue al personaje Quinn, sabe todo lo que hace, ve y piensa ese personaje. El personaje Paul Auster tampoco es el escritor, sino un detective que alguien busca por teléfono; Quinn no es detective, pero con una segunda llamada, se auto convence que es un trabajo interesante que él puede hacer y decide hacerse pasar por el detective Paul Auster.

Cuál es el objetivo literario: crea un procedimiento que juega con la identidad y lo que produce los nombres, e incluye al lector al usar su propio nombre, pues es autor del libro que el lector tiene en la mano.

El orden simbólico del nombre introduce los elementos constructivos, qué coloca en juego como elementos literarios: el escritor, el narrador, personajes y lector.

Se denomina metatextualidad a un argumento dentro del cual se trabaja el modo constructivo del propio texto, es decir, el texto que discute, como argumento, la escritura en producción, Auster lo lleva más allá, no interviene en argumentos lingüísticos, si no en los elementos constitutivos de la novela, la trilogía eje: escritor, narrador, lector.

La idea es que si se va a transgredir el concepto literario de elementos de narración conlleve una función textual, no importa si "acertada" o no; lo "acertado" no tiene ninguna injerencia literariamente hablando, nunca se sabe si una propuesta literaria va a "prender" en lectores. Nunca hay que tomar decisiones literarias pensando en si al lector le va a gustar o entender o lo que fuera. La experiencia extra literaria indica que cualquier cosa que se escribe va a encontrar a un lector que le interesó o gustó, pero predecir eso y creerse que se puede saber que justo ese lector va a leernos es inconducente.

El camino corto es escribir pisando seguro y saber qué estamos escribiendo dentro de la literatura, no vaya a ser que crean que pueden ser arquitectos solo por ver casas sin estudiar arquitectura.

17 mayo 2024

Polisíndeton, Conjunción, Ditología o Síndesis: figura retórica que consiste en la utilización de conjunciones innecesarias.

Y sueña. Y ama, y vibra; y es la hija del Sol.
Tened cuidado. ¡Vive la América Española!

Rubén Darío

El Polisíndeton tiene la función de disminuir el ritmo para enfatizar las palabras expuestas y dotar de mayor intensidad a la expresión. Produce efectos diversos: sensación de solemnidad, sosiego, gravedad o de desbordamiento entre otros.

El Polisíndeton puede resultar monótono por lo que debe usarse con precaución.

El Polisíndeton pertenece al grupo de figuras de dicción.

Es la figura retórica contraria al Asíndeton (ausencia de nexos).

Se asocia el polisíndeton al exceso de y, pero refiere al exceso de cualquiera de las conjunciones.

Listado de conjunciones:
Y
E
NI
QUE
O
U
SEA
BIEN
AUNQUE
PERO
MAS
SINO
SIQUIERA
AL CONTRARIO
ANTES BIEN
SI BIEN
NO OBSTANTE
SIN EMBARGO
ORA
YA
PUES
PORQUE
PUESTO QUE COMO
ASÍ COMO
COMO QUE

SIEMPRE QUE
CON TAL QUE
DADO QUE
YA QUE
UNA VEZ QUE
ASÍ QUE
AHORA BIEN
SOBRE TODO.
PARA
AUNQUE
LUEGO
PUES
CUANDO
ANTES
DESPUÉS
LUEGO
ENSEGUIDA
EN CONSECUENCIA
DE MANERA QUE

19 de mayo 2024

Equivocarse, cometer errores, errar en conceptos, es útil para ir acercándose a criterios "derechos" de la escritura. Para luego, cuando se quiera "torcerlos" sea efectivo.

En un grupo, apareció en un texto la cuestión sobre si usar la grafía, para dar "expresión" a un texto, estirando letras, por ejemplo, o escribiendo caracteres en mal orden para dar la idea de balbuceo. Ya comenté las decisiones a tener en cuenta para decidir usar eso, o descripciones.

Lo que quiero es comentar acerca de un consejo que emitió alguien, que apunta a la importancia del análisis sintáctico para determinar sentido.

La frase sugerida fue:

Forma indirecta, como 'balbuceó algo que quería sonar como "buenos días"'

La "solución" presenta otros problemas:

Sirve para ilustrar otro detalle, sobre todo en el punto en que hay quienes sostienen "igual se entiende". La frase debió ser: "balbuceó algo que pareció...", si se usa "quería", el narrador juzga algo sobre intenciones, y si lo sabe, porque es un narrador omnisciente, debió ser: "quiso". "Quería" presupone repetición y el sentido del verbo "querer" es decidir balbucear, y balbucear, si se decide debe tener sentido, y no parece ser el caso. Y ahí hay otro punto: ¿cuál es la razón por la que se balbucea?, y si es para no decir algo claro, por decisión, o si es por sorpresa. Hay que analizar la elección de la forma y su significado y sentido. Implica entender conjugaciones verbales y análisis sintáctico.

***

Desde los recursos. Qué les parece cómo construí este texto. Y por qué: lo que implica analizar los efectos.

Y *Después de la tormenta*, y después de esta oveja, y aquella oveja y después de la otra oveja, y después que los truenos rompieron el chillido de vespertillos, después de los colores manchados, telúricos y amenazantes, después de Van Gogh hubo un misterio, la realidad de un deseo.

El primer "Después...", comienza con mayúscula. Y se menciona a Van Gogh. Es el nombre de un cuadro del pintor donde hay un pastor, rodeado de ovejas, apretadas a su alrededor, la sensación es de opresión, los colores suman a esa sensación y también se suma, la "biblioteca" que es el conocimiento a priori del alma atormentada del pintor. Sobre la "cocina" constructiva, el polisíndeton se utiliza en el sentido de abrumar, inminencia, "algo" va a pasar. Anafora ovejas, la oscuridad no está solo dada por la descripción de colores —eso sería contar con adjetivos–, sino por los vespertillos, murciélagos, por qué no usé murciélagos, porque quería el efecto de la anáfora doble ele, que a su vez es efecto sonoro. En mi relato usé sentidos: vista, oído, y lo hice con descripciones. Pocos verbos, cosas que "detiene" la escena; entre otros detalles. Es un texto corto, pero con sus elementos respondiendo a una función textual.

21 mayo 2024

Aliteración: retórica que consiste en la repetición de sonidos presentes en palabras contiguas o próximas:
• Bajo el ala aleve del leve abanico → repetición de los sonidos ele y be.

Aliteración capta la atención y provoca un efecto de musicalidad y sonoridad.

Es también una herramienta para recordar palabras y frases por lo que es usada en oratoria y publicidad e incluso reglas mnemónicas y con frecuencia en trabalenguas:
• Tres tristes tigres comían trigo en un trigal → repetición de te y ere.

La Aliteración pertenece al grupo de las figuras de dicción.

El tipo de Aliteración que imita sonidos naturales se denomina Onomatopeya:

Égloga III.

Garcilazo De La Vega

En el silencio sólo se escuchaba un susurro de abejas que sonaba (el sonido ese imita el zumbido de la abeja).

Por una cabeza, Le Pera.

Por una cabeza
todas las locuras
Su boca que besa
borra la tristeza,
calma la amargura
Por una cabeza
si ella me olvida
qué importa perderme
mil veces la vida
para qué vivir.

Marina, Jaime Siles.

Una antorcha es el mar y, derramada
por tu boca, una voz de sustantivos,
de finales, fugaces, fugitivos
fuegos fundidos en tu piel fundada.

27 mayo 2024

Asíndeton: figura retórica que consiste en omitir deliberadamente los nexos o conjunciones que unen los elementos de una oración:
Desmayarse, atreverse, estar furioso,
áspero, tierno, liberal, esquivo,
alentado, mortal, difunto, vivo,
leal, traidor, cobarde y animoso

Soneto CXXVI | Lope de Vega

El Asíndeton agiliza el ritmo, transmite la sensación de dinamismo y apasionamiento, contribuye al efecto dramático que intensifica la fuerza expresiva.
El Asíndeton pertenece al grupo de las figuras de dicción.

***

Metonimia: figura retórica que consiste en designar una cosa o idea con el nombre de otra con la cual existe una relación de dependencia o causalidad (causa-efecto, contenedor-contenido, autor-obra, símbolo-significado, etc.).
La Metonimia pertenece al grupo de figuras de los Tropos.

Ejemplos:

Efecto por su causa: "Amor, mi pavor"
Contenido por contenedor: "tus ojos, estrellas"
Símbolo por referente: "Dame tu corazón"
Lugar por la cosa: "Al rio no le sobran lágrimas"
Parte por el todo: "El dolor es del pasado"

Todo por la parte: "En el mundo algo oscureció"
Materia por el objeto: "Tu amor canceló el pasado"
El instrumento por el artista: "Hay un piano en el silencio".
El autor por la obra: "Están leyendo a Antalia Isim".

31 mayo 2024

Oda al tomate, Pablo Neruda.

La calle
se llenó de tomates,
mediodía,
verano,
la luz
se parte
en dos
mitades
de tomate,
corre
por las calles
el jugo.
En diciembre
se desata
el tomate,
invade
las cocinas,
entra por los almuerzos,
se sienta
reposado
en los aparadores,
entre los vasos,
las mantequilleras,
los saleros azules.
Tiene
luz propia,
majestad benigna.
Debemos, por desgracia,

asesinarlo:
se hunde
el cuchillo
en su pulpa viviente,
es una roja
víscera,
un sol
fresco,
profundo,
inagotable,
llena las ensaladas
de Chile,
se casa alegremente
con la clara cebolla,
y para celebrarlo
se deja
caer
aceite,
hijo
esencial del olivo,
sobre sus hemisferios entreabiertos,
agrega
la pimienta
su fragancia,
la sal su magnetismo:
son las bodas
del día,
el perejil
levanta
banderines,
las papas
hierven vigorosamente,
el asado
golpea
con su aroma
en la puerta,
es hora!
vamos!
y sobre

la mesa, en la cintura
del verano,
el tomate,
astro de tierra,
estrella
repetida
y fecunda,
nos muestra
sus circunvoluciones,
sus canales,
la insigne plenitud
y la abundancia
sin hueso,
sin coraza,
sin escamas ni espinas,
nos entrega
el regalo
de su color fogoso
y la totalidad de su frescura.

Pablo Neruda.

Análisis:

Narrador, yo lírico. No confundir la persona con el narrador, aunque fuera un yo. Luego, la personificación implicaría que se hace actuar a algo que no es persona (flora, fauna, minerales, objetos, animados o no) como si fueran personas y producen acciones como personas. No hay un poeta que personifica. Hay un narrador que describe al tomate, su entorno, y usa imágenes y metáfora sobre acciones, pero esas acciones no las hace el tomate, las hace alguien, por ejemplo: se describe como una boda con otros elementos que confirman una ensalada. El tomate ni habla, ni tiene voluntad ni ejecuta acciones, sino que es el narrador el que describe lo que hace el tomate. Pero, es interesante este poema para señalar que la apariencia, la forma en verso, produce esa idea. Dice en una línea: "el perejil", en la siguiente "levanta"; podría asumirse que el perejil levanta, en cuyo caso es personificación –examinar si con el tomate pasa eso, cuando dice "agrega", no se puede inferir que los hemisferios toman personificación y se agregan pimienta a sí mismo–, pero si está en otra línea, ese levanta refiere a un comentario figurativo, la frase completa sería que el perejil levanta una ensalada en sabor y no que el perejil tenga voluntad de levantar algo. O sí. Es interesante que de este poema suele hablarse de personificación, pero podría no serlo. Cuando dice "nos entrega", "nos muestra" es percepción de narrador, no porque sea voluntad del tomate.

2 junio 2024

Sobre cómo elegir títulos, aunque ya fue tratado, amplío un poco.

En *Tractatus Logico Philosophicus* Ludwig Wittgenstein trata sobre la imposibilidad de describir el ser, entonces lo hace a través de definir lo que no es.

El ser no es la persona, el cuerpo, el pensamiento, etc.

De lo que trata es de una prueba por el contrario, también usado en matemáticas, que consiste en afirmar algo que no es y concluir en una tautología.

Los títulos portan la misma dificultad como método, para seleccionarlo se va por lo que no es, y se define por el contrario hasta llegar a conclusiones que se ajusten al proyecto literario del texto.

Qué no debe contar el título: decir lo que ya se leerá en la historia, el título pertenece a la historia, no es un registro de la historia, forma parte del código hermenéutico de todo texto.

La hermenéutica presenta una triple dimensión: la hermenéutica como lectura, la hermenéutica como explicación y la hermenéutica como traducción, lo que permite apreciar la complejidad y, a la vez, especificidad de la hermenéutica como teoría y como método interpretativo para la comprensión de textos.

El título debe encerrar un sentido, sin revelarlo, un método, que no es fórmula: las palabras del título no debe estar al final del texto, porque ya revela el texto y una de las condiciones de los textos literarios es el arte de sorprender; o no. Más abajo vuelvo sobre esto.

Encontrar un título es muy difícil, porque presupone algo que ignoramos: lo que atrae al lector que a la vez no revele, no explique, no suplante al texto.

En ocasiones, se encuentran títulos que incurren en todo esto, pero es porque el hecho literario es otro.

Perdón la autoreferencia, acabo de compartir un texto, sobre el que indagué a definir si es cuento o relato. Empieza como termina, el título, que no puse, sería Trueno, pero porque resulta una clave de lectura, que para el caso, no quise revelar, pero si prestan atención, actúa la clave hermenéutica, coloco el foco de interpretación en una palabra y la historia del texto toma un sentido diferente que produce otra dimensión de interpretación: una es la lluvia, por un lado, otra la metatextualidad, otra la lectura bajo la lluvia, la recursividad circular, y algo catastrófico para cualquiera que ama libros: gotas de lluvia sobre el libro; el nexo sería el título y lo que dice el texto: anagramas.

Aprovecho para indicar que principio, desarrollo, fin es una definición quiroguiana del cuento. Luego está la versión más moderna, la de Piglia o más bien la de Hemingway –teoría de iceberg, solo se revela un 10%, el resto está escondido y es el lector el que debe encontrarlo–: hay al menos dos historias en un cuento, esa segunda historia o interpretación o más es lo que hace a un cuento que sea universal y que resista al tiempo. Y el título forma parte de ese procedimiento.

Por ejemplo: *Casa tomada*, de Cortázar, empieza en el título, termina como el título, pero sugiere, nunca se puede asegurar a qué refiere, y es parte del planteo hermenéutico, parece que informa, pero no lo hace, y la interpretación hasta ahora ha dado páginas de teorías, tesis, decenas de miles de trabajos críticos sobre su interpretación. Eso es lo que hace un buen título: forma parte del artificio de construcción del texto. Vengo advirtiendo que se lo piensa sin mucha reflexión, solo por llamarlo de alguna manera y en esa manera hay una tendencia a la "etiqueta", en el sentido que revela y destruye la expectación, es como cuando tenés una caja cerrada y la etiquetas frágil, ya sabes que hay algo que se rompe, para leer lo que ya sabes de entrada, el texto tiene que tener otros valores más importantes en artificio literario para que el final cantado sea lo de menos. *Casa tomada* es de esa clase.

No se puede decir cómo se titula, porque depende de la intención y artificio literario del propio texto, pero sí se puede decir lo que no es: no debe explicar, ni ser simple etiqueta, ni suplantar al texto, ni ser superior al texto, ni revelar el texto. Y si se usa alguno de esos, el texto debería incluir una resolución por encima de lo que el título revela, mucho más importante, que es también una forma de ir por el contrario y concluir con un texto memorable como en *Casa tomada*.

3 junio 2024

Más sobre títulos

El concepto de paratexto fue definido por Gerard Genette como: "Título, subtítulo, intertítulos, prefacios, epígrafes, ilustraciones y otro tipo de signos accesorios, autógrafos o alógrafos que dan al texto un entorno". Constituyen por lo tanto múltiples accesos y significados al objeto estético que, una vez leído, retroalimenta a los paratextos generando así contactos enriquecedores y profundos.

El paratexto título es considerado privilegiado como vía de ingreso a la obra y es además autógrafo, es decir, procede de la mano del autor.

Umberto Eco afirma que "el título debe confundir las ideas, no regimentarlas".

Como se verá, el conjunto entre texto y paratexto dan cuenta de la construcción de un mundo contenido en ese objeto que se hizo de papel y cuenta con una estrategia discursiva de signos, semántica, cosa física; y aunque usamos diversos medios de lectura, estos factores siguen representando a la obra como fueron definidos.

Es parte del ingenio del escritor montar estrategias para que los paratextos convoquen y comulguen con el cuerpo del texto como un nexo que los hace únicos e indivisibles.

Como ejemplo de títulos que son consustanciados e indivisibles del texto: Metamorfosis; no se puede mencionar esa palabra sin pensar en Kafka, aunque es un título cooptado anteriormente por Ovidio, poeta romano, en un poema en quince libros que narra la historia del mundo desde su creación hasta la deificación de Julio César, combinando con libertad mitología e historia. Y Metamorfosis es también el nombre de uno de los trucos más famosos del escapista Houdini, que consiste en el mago esposado y metido en una bolsa, atada por su asistente, metido en una caja con candado, mientras en el tiempo que se cubre con una tela se intercambian mago y asistente.

Imaginen los posibles significantes que detona un título, de manera que elegir un título no es una elección a la ligera.

Al elegir un título, es buena idea buscar en Internet qué connotaciones podría estar interviniendo en la elección, que queda fuera de la intención del texto, porque podría estar torciendo el significado del texto, ya fuera por exceder al texto, como por quedar descontextualizado u otros aspectos que se escapan al sentido de vínculo con el texto.

4 junio 2024

Derivación: recurso estilísticos que consiste en la repetición del mismo lexema con diferentes morfemas derivativos.

Se repite la raíz de una palabra con distintos morfemas derivativos o flexivos.

Ejemplo:

El ser será aquello que algún día tú también serás.

Los morfemas derivativos se agregan a la raíz para formar nuevas palabras. Ejemplo: arte y artista.

Hay dos tipos de morfemas:

Los que se utilizan con sustantivos y adjetivos. Dan información sobre el género (femenino y masculino) y el número (singular y plural). Por ejemplo: secretario (masculino singular), secretarias (femenino plural).

Aquellos que se utilizan con verbos. Dan información sobre la persona (primera, segunda y tercera), el número (singular y plural), el modo (indicativo, imperativo y subjuntivo), el tiempo (pretérito, presente y futuro) y el aspecto. Por ejemplo: entré (primera persona singular, modo indicativo, pretérito perfecto simple) y entremos (primera persona plural, modo subjuntivo, presente).

Parecida a la figura estilística de Paranomasia –palabras que suenan similares pero diferentes significados.

Ejemplo:

Entras en la noche, anocheciendo, siendo trasnoche; la niebla nubla. Vino el vino; vino oscuro y resplandeciente, la noche instantánea pasa, pasa en jugos tintos.

6 junio 2024

Vicios del lenguaje

Entre derivaciones y cacofonías se dirime la poesía.

Cacofonía consiste en repetir sonidos o sílabas en palabras próximas provocando un efecto sonoro desagradable.

La Cacofonía se puede evitar empleando sinónimos o cambiando el orden de las palabras:

Parece que ya aparece la Luna. (Cacofonía)

Parece que ya sale la Luna.

Comenté anteriormente el recurso de Derivación. En ocasiones es un efecto buscado, siempre que involucre una función textual. Por ejemplo, cuando la repetición fónica interviene en el sentido.

Ejemplo:

Parece que no aparece y perece la luna.

8 junio 2024

Vicios del lenguaje

Metátesis: consiste en cambiar los sonidos dentro de una palabra, transposición de letras. Cuando es intencional se convierte en figura estilistica.

Le dolía el estógamo → Le dolía el estómago (correcto)

La Metátesis es un vicio del lenguaje ya que puede producir dificultades en la comprensión del mensaje.

A veces se usa para diseñar diálogos con lenguaje infantil, ya que los niños suelen confundir los sonidos transponiéndolos; o en juegos de palabras, ironías, humor.

Es común en determinadas palabras conocidas: cocretas (croquetas), Grabiel (Gabriel), periglo (peligro); incluyen cambios de silabas o letras: granyena (gangrena), estutefacto (estupefacto), delen lo que se merece (denle)

9 junio 2024

Este es un taller de recursos estilísticos.

La idea es aprender a reconocer esos recursos. "Rebuscados" no es un recurso estilístico. Luego "valor" o "entendimiento" son acciones de lector, y como vengo indicando –los invito a leer en el grupo, desde más atrás–, no se puede –ni debe– escribir para lectores.

Ambos son efectos que tienen que ver con la biblioteca del lector y con el desarrollo del entendimiento y gustos. No irán a creer que una persona puede saber lo que miles de personas entenderán o le darán valor a un texto y tener la potestad de saber que no confunde, si además, se dedican a escribir para esos estarían escribiendo bajo supuestos fantasioso.

Adelante con opiniones literarias, que refiere a procedimientos escriturales y por el momento a figuras estilísticas.

Sugiero repensar lo de opinar perogrulladas, no aportan. Cuando hayan leído una frase cientos de veces, no la usen. Es uno de los puntos que están en el archivo fijo de este grupo, sugiero leerlo.

Anímense a reconocer qué recursos se utilizaron en un texto.

Y espero que compartan sus textos con sus teorías.

También los invito a leer unos de esos libritos bellos y "exitosos" –por usar palabras que leí como opinión, que en mí concepto no viene al caso pero trato de evitar confusiones– de Ramiro Quintana, "Ritmo vegetativo", que quizás haga su magia y aclare confusiones.

Las confusiones suelen evacuarse abriendo el camino de lecturas por otros escritores que no son habituales.

***

No hay problemas con los gustos. Pero no irán a pretender que alguien se acomode a sus gustos. Imagina que yo pretenda que todos se acomoden a mis gustos.

Sobre entender o dificultades: no irán a creer que algo mágico se coloca en el entendimiento o conocimiento y que de repente y sin estudios o esfuerzos entiendas y nada te confunda.

La literatura no se acomoda a nadie. El que quiera ser escritor va a tener que acercarse a la literatura.

Sobre "lector medio,": bajen de esa nube: no sabemos ni qué entiende la gente, menos los lectores. Somos un microcosmos de más de 460 personas y participan 4 o 5: ¿de verdad crees que podes opinar y etiquetar al "lector medio"? Incluso abriendo esa muestra ¿de verdad quieren escribir para un imaginario y falsa idea de creer saber quién es el lector medio? Por aclarar mi postura: no soy condescendiente, ni minusválido el entendimiento de nadie, ni menosprecio precarizando conceptos bajándole el precio a los que comparten este espacio, no trato a nadie como un inferior al que se toma como incapaz, eso es mezquino.

También es mezquino esconderse detrás del plural, asumiendo hablar por otros e imponiendo una opinión como una verdad de "casi todos". Está lleno de esos grupos condescendientes dónde degradan los discursos y acomodan textos para *likes*. Si les interesa eso, ahí están, pueden participar en esos. En éste intento otra cosa. Intento hablar de literatura y compartir lo que aprendí y claro que puedo equivocarme y hasta errar en el método. También pueden opinar que no les gusta. Lo que no pueden es pretender que me acomode a cada uno, para el confort del entendimiento de cada uno, sobre todo cuando, precisamente, vengo compartiendo definiciones y demás para llegar a ese entendimiento. Si no llegan: es porque les falta estudio y lectura y cuando hayan adquirido ese conocimiento y obtengan criterios basados en literatura y no en gustos por desconocimiento, o pereza –alguien encontró palabras que desconoce y las declaró inexistentes–, creyendo que son los otros los que se tienen que acomodarse a sus gustos.

Y nada tengo contra esa idea, como bien se dijo: son otras formas de escribir. Yo estoy indicando cuestiones y apoyando mis comentarios con criterios literarios. No impongo mi gusto. Ni pretendo que les guste lo que escribo, estoy señalando recursos y procedimientos, si además les gusta, bienvenido sea. Si además me gusta lo que les leí, lo diré, pero mi criterio es siempre literario.

Dicho esto, me resultan inconducentes estás explicaciones porque son una obviedad, por eso las reglas –que parece que pocos leyeron– dice que en este taller está prohibido referirse a las personas. Aquí se habla de literatura, también está prohibido cuestionar el método. Insisto: aquí se habla de literatura.

Sigamos para adelante y dejemos la perogrulladas esta. La ganancia está en el objetivo: el texto. No es un curso de personalidades, no lo conviertan en un diván.

Y creo que nadie necesita defensa, a nadie ataco, y no pretendo que les gusten mis textos, pretendo compartir los recursos y procedimientos constructivos, y como pocos comparten sus textos coloco los míos y a veces los de escritores que creo que conocen y gustan.

***

Idiotismo: o modismo es un giro idiomático que no se adapta a las normas gramaticales, y posee un sentido adoptado de la manera convencional de una oración.

Suelen proceder de frases hechas que se han deformado hasta volverse ininteligibles gramátical o semáticamente. Hay que distinguir idiotismo de las frases hechas populares de uso metafórico o figurado que tienen sentido gramatical y lógico, como "rasgarse las vestiduras".

Ejemplos:

Déjeme que le diga (permítame decirle)
Controlabilidad (control)
Se lo diré un poco más luego (luego se lo diré)
Refrescancia (refrescante)
Expulsación (expulsión)
Mas sin en cambio (sin embargo)
A pie juntillas (a pies juntillas)
Te quiero muy mucho (te quiero muchísimo)
Gobernancia (gobernabilidad)

En ocasiones se suele pensar que como escritor no se incurre en éstos términos, hay que tener en cuenta que para determinados personajes es necesario recurrir a este tipo de modalidad de expresión.

Por ejemplo, del Martín Fierro, de Hernández, se suele "reconocer" el tipo del habla como registro de personaje. Tal cosa no es real, es una forma erudita de construcción que simula el personaje con idiotismos. El texto está escrito con el código construido por lo que se denominados La gauchesca, cuyos lineamientos conformaron un canon para figurar este tipo de lenguaje.

El problema del lenguaje en personajes que representan relatos del pasado siempre ha sido un ítem de diseño, no es natural. Para analizar este sesgo de escritura, escritores como Jorge Luis Borges, Ramón Ribeyro, Mario Vargas Llosa, Jorge Amado, son escritores que enfrentaron el desafío de representar el lenguaje epocal creando artificios de idiotismo.

***

La característica principal del gauchismo es el panegírico político. A Martín Fierro (gauchesca), de una vida tranquila y familiar es llevado a pelear en la frontera, a la fuerza. Sarmiento habilita que coopten a los "pobres", y en ese momento eran chacareros, dueños de tierras y los metían de soldados, sin preparación y obligados a cuidar las "fronteras" de la patria, despojándolo de bienes. Fierro se niega y el poema es una crítica social, política, ética, contra la política que trataba sobre sacrificar al vulnerable para proteger los bienes de los ricos. El criollismo es una forma de ser, algo inocente, ejemplo: Santos Vega, viene a la capital y sin darse cuenta, se mete en un teatro donde está viendo una obra sobre el Diablo, y él no se da cuenta que no es real, vive la experiencia con la sorpresa de eso que ocurre "en la ciudad". No hay crítica social, hay una escenificación de la característica del personaje de pueblo, este es el criollismo.

10 junio 2024

Sobre entender un texto

Antes de este taller, hice uno sobre el *Ulises*, de James Joyce. El libro considerado la "Biblia" literaria -pronto publicaré ensayos sobre el libro-, pero uno de esos post, para erradicar la palabra "entender", como un absoluto -si hubiera que "entender", no habría decenas de ensayos de miles de textos, ningún texto tiene una sola lectura-, les copio aquí, sobre un de los millones de comentarios que generó ese libro. Y no de alguien sin criterios literarios:

Abrir el *Ulises* es una decisión que nos va a interpelar. Los efluvios que emite, su aura, nos ha sido sembrada por voces, *ismos*, comentarios; Jung dijo: «Se lee y se lee y se cree comprender lo que se lee. Así, presa de la desesperación, leí hasta la página 135, en que me quedé dormido dos veces. Sí, yo me sentí aturdido y desazonado. El libro no quería salir a mi encuentro, no hacía la menor tentativa por encomendarse, y esto produce en el lector un irritante sentimiento de inferioridad. Joyce ha excitado mi indignación jamás debe enfrentarse al lector con su propia tontería».

No se sientan interpelados por un asunto de entendimiento, sino por la curiosidad y el afán de aprender. Es infructuoso entender porque otros te explican, la literatura se "cae" cuando te la explican.

Lo que hay que entender son los procedimientos, los recursos que se pusieron en juego, y si el efecto no te gusta, solo no te gusta el efecto logrado por otro: pero el mismo recurso y procedimientos en tus propios textos, podrían significar un logro.

***

Alguien mencionó microrrelato. Comenté al respecto, se puede buscar en este grupo. Comparto este otro texto a ver si se animan a decir que género, recursos, etc., y justificar la opinión:

Cayó vertical, como esputado por una nube, cancelado el engranaje gramatical de la curvatura de la tierra; el colibrí, clavado en la tierra, como un venablo; no sabía que se podía morir suspendido con acento de ángel, clavado como en así. No faltó el niño que se acercó a mirar; mirar tenso que se abre al enigma y un padre que hila el futuro de ese milagro y dice: ¡Excalibur!

***

El cuento tiene desarrollo y fin, a veces introducción, y debe incluir una epifanía. En el relato pasa el tiempo, es decir hay palabras como luego, primero, etc. El microrrelato o microcuento cubren las mismas expectativas, pero además completa su sentido en otros textos y apelan a que el lector tenga conocimiento de ello. Aunque claro ese conocimiento es especulación. Ahora, qué opinas, qué género te parece que es.

***

Breve, conciso y directo habría que definirlo. Busca ambas definiciones en el diccionario –no es que eluda la cuestión sino que el método de análisis de textos es precisamente este: analizar sintaxis, definiciones, formas–. Ya intentarlo estás encaminada, leer, para un escritor, no es un acto de ligerezas, todo lo contrario, es reflexionar sobre cada elemento puesto en escritura.

***

La brevedad no es la única característica de lo "micro", lo es de cuento corto y relato corto, lo "micro", requiere de un factor más: que complete su sentido con un saber externo al texto: pregúntate si hay algo en este texto que refiere a otro, en ese caso estarías dentro o fuera de la definición de "micro" luego te toca analizar la diferencia entre relato y cuento.

11 junio 2024

Cosismo: Consiste en repetir de manera exagerada el término cosa en lugar de apelar a sustantivos específicos.

El lenguaje comunicacional se diferencia del de ficción, tienen objetivos distintos, uno informa, el otro conlleva una función textual.

En el lenguaje oral constituye una falencia comunicativa. Vicio discursivo que exhibe léxico precario y, por lo mismo, su función podría ser parte del registro de personaje.

Se toma como forma incorrecta, pero solo en lo comunicacional. El el uso poético interviene la fónica, en ocasiones el silabeo.

Fragmento de Epístola a los transeúntes
éste ha de ser mi cuerpo solidario
por el que vela el alma individual; éste ha de ser
mi ombligo en que maté mis piojos natos,
ésta mi cosa cosa, mi cosa tremebunda.
César Vallejo.

Complica la emisión de un mensaje y resulta difícil de interpretar. A veces muletilla, cuando
la dicción falla en la misma posición dentro de las frases, alterando determinados puntos comunes, entonces la comunicación se ve afectada.

Lo habitual es que el cosismo aparezca cuando el individuo no encuentra conceptos para denominar o designar diversos elementos.

Hay una frase común que se lee en las ferreterías:

"Si necesita el coso para el cosito que va en el coso, traiga el coso que va en el cosito, y yo le podré dar el coso que va en el cosito".

El coso en su uso de comodín es diferente del de muletilla, en un caso es desconocer el nombre del elemento el otro es precariedad léxica.

Otro uso es la suplantación del verbo por sustantivo: «Estoy en el restaurant...y coso», como por comer; resignificando la palabra.

En filosofía el cosismo es una doctrina que postula que la totalidad de los elementos existentes, son entes concretos que pueden percibirse con los sentidos.

No confundir este concepto con el de cosificación, que se define como la reducción de una persona a una cosa, a un objeto.

12 junio 2024

Sobre el microrelato

Ya se comentó las características de éste género, pueden buscarlo en este grupo.

Sin embargo me resultó interesante el comentario de un miembro del grupo que parece sugerir que es un género necesario o imprescindible en la era de las redes sociales.

El origen del formato, no son las redes sociales. No hay un origen establecido porque el formato deviene de la tradición oral, de fábulas, de apologías, textos usados como moralejas, leyendas, parábolas.

En ésta descripción ya hay un origen que lo diferencia del relato: el objetivo. Para ese objetivo qué se requiere: conocimiento sobre a qué hace referencia el texto.

Entonces, un relato corto, no es lo mismo que un microrelato. El microrelato es un formato que requiere de un conocimiento externo, para completar su sentido.

Entonces al analizar qué es un texto, no es la brevedad, solamente, sino cuál es el procedimiento que involucra.

Se le da nombre cuando no existían las redes sociales, durante el Modernismo y el las Vanguardias –a finales del Romanticismo.

Los escritores como Violeta Rojo (1996), David Lagmanovich (2005, 2006), Fernando Valls (2008), entre otros, recogen en sus obras el estudio del origen y la evolución del microrrelato de forma precisa, ya en la era de la Internet, y han servido como referente. Para comenzar a caracterizar las diferencias.

Según la clasificación establecida por Lagmanovich, los precursores del microrrelato serían Charles Baudelaire. Los modernistas: Rubén Darío, Alfonso Reyes, Julio Torri, Leopoldo Lugones, Ángel de Estrada, hijo; entre otros.

De las piezas de Rubén Darío destacan los doce cuadros escritos en prosa, *En Chile, La resurrección de la rosa I, Palimpsesto I* –donde se reescriben tópicos culturales antiguos vinculados a la aparición del *cristianismo*–, y *El nacimiento de la col*. Observen que los títulos –tema que hemos venido comentando– conforman una clave de lectura.

De Alfonso Reyes, mexicano, *Sentimiento espectacular* y *Los relinchos* que a pesar de no compartir todas las características del microrrelato serán muy importantes para el establecimiento del género.

Es más extenso, se ha escrito abundante al respecto; pero, nos vamos acercando a determinar qué hay en los textos para diferenciar entre relato y microrelato.

Teniendo en cuenta que relato y cuento, no son lo mismo tampoco. Esa diferenciación también está en este grupo.

***

La extensión es referencia lábil –también comenté cuando hablamos de esos géneros–. La extensión es aquello que le da completitud al sentido. Que nada sobre. Notar que uno de los recursos que hay que poner lupa es el pleonasmo, es lo primero que se pone cuidado. Entonces, largo, breve, no son más que formas de decirlo. Lo real es que sea un texto al que no le sobre ni le falte nada para comprender su sentido.

13 junio 2024

Arcaísmo: consiste en el empleo de palabras o expresiones que resultan anticuadas o cuyo uso está en declive.

Por ahí habrán leído opiniones sobre que son vicios del lenguaje.

Es una visión limitada el tomar decisiones sobre el uso de palabras como "vicio de lenguaje", lo mismo que citas hechas, o lugares comunes: hay que analizar el contexto, porque justamente la cualidad de arcaísmo, u otros "vicios", podrían estar formando parte del procedimiento. Como en casos que mencioné: registro de personaje, como el Idiotismo que se utiliza en la gauchesca, en el grotesco, en la dramaturgia, en la poesía, y en una función textual de fónica o como lenguaje jurídico o comunicacional.

Ejemplos: El óbito expuesto (judicial).

Desestimo por completo la frase "conviene palabras de uso cotidiano", más que alentar la pobreza del lenguaje y más que minusválidar al lector, presupone una subyugación de la literatura a un propósito ajeno a la literatura para confirmar o perseguir una fantasía: el interés de un lector precario, compitiendo, además con los miles de textos adocenados, "fáciles de leer", sin "dobles tintas": encontré esa frase hecha, arcaísmo, cuya interpretación ha caído en desuso y carece de significado en la era de las teclas, que usándola como propongo la puedo convertir en un recurso con tan solo escribir: "dobles teclas", sacándola del lugar común, pero usando el arcaísmo para completar su sentido.

Señalo que usar el criterio "de poco uso" es precario y empobrecedor. Hay que mirar el bosque y apreciar el árbol.

Y como ejemplo esclarecedor, me remito a la frase más icónica de la literatura de palabra en desuso que hizo historia en la literatura:

"La unánime noche…", Jorge Luis Borges.

Pregúntense dónde escucharon o cuando usaron "unánime".

Sugiero que antes de opinar sobre palabras en desuso, reflexionen que están mirando el árbol y no el bosque. Y también al revés, a veces un árbol es solo un árbol; el camino del escritor es aprender a adquirir criterios para estar dentro de la literatura, en vez de opiniones sin más sustento que creer que se tiene el don de opinar por una "mayoría" de lectores; y más aún, exigiendo que otros se acomoden a esa reducción de la escritura.

14 junio 2024

Impropiedad: impropiedad léxica o transgresión semántica consiste en emplear palabras inadecuadas atribuyéndoles significados erróneos.
- Pescados en la playa → "pescados" por "peces

Notar que el uso de la preposición es donde más pasa desapercibido este recurso. También hay que tener en cuenta que estos vicios de lenguaje se pueden usar a propósito en registros de personajes.

Ejemplos:
- Examinar el tema con profundidad (detenimiento)
- Ostentó el cargo de alcalde (ejerció).
- Tareas de redactado (redacción)
- Es bien grande (muy)
- Nunca pasa desapercibido (inadvertido)
- Comportamiento bizarro (extraño)
- Se registró una gran explosión (produjo)
- Tuvo un resultado fatídico (fatal)
- Me recordé de lo que dijiste (acordé)
- No lo despiertes porque está todo dormido (completamente)
- Voy donde mis abuelos (a casa de)
- Voy donde el médico (al)
- Fue abusada por su marido (maltratada)
- Diseñó la estratagema de ataque (estrategia)
- Regrésame lo que te presté (devuélveme)
- Obtuvo unos resultados pobres (malos)
- La situación es seria (grave)

- De repente me acerco a visitarla (a lo mejor, quizás)
- Atravesamos el puente (cruzamos)
- Reiniciar el trabajo (retomar)
- Detenta el cargo de director (ejerce)
- Entremos la mercancía. (metamos).

***

SOBRE FOTOS

Alguien vio un cartel sobre presentarse con fotos. Ese cartel no es del grupo. Es un cartel que hace aparecer *Facebook*, para apoyar sus propias campañas publicitarias, promoviendo la circulación de imágenes y registrando sus rostros para asociarlas a sus datos.

No usen fotos, salvo que tengan que ver con el texto que comparten.

Aprovecho para repetir algo que ya desarrollé: el pensamiento es estructurado, pensamos con lenguaje. No falta el que dice: antes fue la imagen; la imagen es un elemento de la semiótica. La imagen es lenguaje. No existe tal cosa como algo fuera del lenguaje.

Somos una especie que ha desarrollado el sonido y lo aplica a la expresión artística.

Los sordos "traducen" el lenguaje en vibraciones, que es otra forma de oír.

Dicho esto y sobre la imagen: cometen un error semántico, literariamente hablando, cuando incluyen una imagen que no completa el sentido: "llamar la atención" no es un recurso literario. Lo es si forma parte del texto como función textual.

La imagen no debe ni suplantar el texto, ni explicarlo, ni llamar la atención: suele pasar que si no comprenden esto la imagen o es mejor que el texto o lo distorsiona y el peor efecto: lo explica. Lo único que no debe pasar en cualquier texto de ficción es explicar. Hay que describir, no explicar.

Entre mis múltiples actividades soy fotógrafa, amo la fotografía, la mayoría de las tapas de mis libros son fotos. Pero tengo muy presente que no hay que invadir un texto con una imagen innecesaria que no suma y que puede precarizar un texto o quedar fuera de competencia en la comparación.

Uno de los usos del recurso de incluir imagen son esos cuentos infantiles que reemplazan una palabra con un dibujito – literatura infantil.

Si van a incluir imagen, procuren que sea absolutamente necesaria para completar el sentido del texto.

15 junio 2024

El lector imaginario para el se escribe se construye con razones personales. Algunos se convencen que son realidades basados en estadísticas imaginarias: no es posible saber a quien llega un libro, dónde está ese lector, o si existe y si sabe que existimos e, incluso: si su biblioteca es la misma que la nuestra. Escribimos del tamaño de la biblioteca personal. De las lecturas se construyen nuestras palabras. Del estudio cómo utilizarlas.

Borges, como Macedonio, apuntaban a lectores como sí mismos. Borges, un voraz lector, encontró a su lector entre voraces lectores. Nadie que leyera a Borges se diría a sí mismo erudito, eso solo lo piensa quien ha leído poco y, desde luego, no ha leído a Borges.

¿Es necesario leerlo?: depende de cuál es tu lector imaginario.

Es por eso que es inconducente dar consejos sobre usar tal o cual palabra, sobre si se "entiende" o no, quién sabe para qué lector imaginario escribe, usualmente somos ese lector.

Cada escritor tiene esa visión personal y aplica los criterios de transmisión de conocimiento basado en quien es una como escritora.

Es una fantasía creer que la educación se va a acomodar a las formas y expectativas de cada uno. Pueden seguir por ese camino, claro, es el camino largo.

Mientras tanto, leer tampoco te convierte en escritor, eso es como creer que mirar una casa te convierte en arquitecto.

Estoy compartiendo procedimientos y recursos, son la sustancia constructiva; la casa la tendrán en la cabeza sabiendo que podría ser una choza o un castillo. Las visitas a una u otro, depende de los elementos constructivos.

Pregúntense quién visita un castillo, quién una choza. Ese es el lector que consiguen.

Saber esto no garantiza que convoques al lector adecuado que coincide con el imaginado, pero al menos, si pasa, te encuentra preparado. Algunos le llaman oportunidad.

16 junio 2024

Écfrasis: recurso estilístico que se define como la representación verbal de una representación visual, trata sobre una operación esencialmente intertextual. La intertextualidad se define como la presencia de un texto verbal en otro, en el caso que nos ocupa, la presencia de una representación visual en un texto verbal establece una relación que Peter Wagner (1996) ha llamado intermedialidad, misma que define como "una subdivisión de la intertextualidad."

Hace unos días, compartí un texto donde mencioné a Van Gogh, describí un cuadro. Así como un texto que incluye a Kepler, donde describo las formas matemáticas con que se representa las fórmulas de Kepler y su significado.

Cómo mencioné, la imagen es un elemento de la semiótica, "sistema sígnico no verbal", un sistema intersemiótico.

Leo Spitzer define el texto ecfrástico como de un impulso que se resuelve en la práctica textual que conocemos como descripción; de-scribir (sentido etimológico: *describere*—escribir a partir de), de re-presentar, de volver a presentar al otro no verbal.

Écfrasis inversa es la alteración artística de palabra e imagen que se produce cuando la obra es la palabra y la narración es imagen. Un ejemplo de esto último es, por ejemplo, el código QR, con el hay que intermediar un dispositivo –el celular– y un software: el lector código QR.

En el Museo Histórico Nación de Buenos Aires, hay un cuadro de San Martín, iterativo. El cuadro cuenta su historia y responde preguntas –sugiero visitar a San Martín. Es buena experiencia.

16 de Junio, **Bloomsday,** y este curso ha llegado a su fin. Al menos por ahora.

Sugerencias para presentar su material, ya sea en este como en otros espacios:

* No presenten textos comenzando con:"no soy escritora ..." o variantes de eso. Si ya de entrada declaran eso, para qué leerlo. Habiendo tanto para leer, para qué perder el tiempo con alguien que no es escritor.

* No den explicaciones introductorias sobre el texto, es dirigir la lectura y si el texto no habla por sí mismo,el texto está mal.

* No hagan caso de comentarios sobre cambiar sus materiales si no hay una justificación literaria.

* No hay justificación para pedir lecturas, adelantando que "no está corregido", no esperen de lectores que podrían aportarles comentarios literarios que se tomen el trabajo que ustedes no se quieren tomar.

* No presenten fragmentos de trabajos más extensos, no se puede comentar sobre el bosque mirando el árbol.

* Algo elemental: la primera acción, antes de presentar material es tener claro el análisis sintáctico. A veces no comprenden lo que escribieron, creen que dice o se interpreta algo que ustedes tienen en la cabeza pero que el texto no dice.

* Siempre, en todos los géneros tienen que preguntarse quién narra. Es el eje de toda narración.

Contenido

PRÓLOGO 7
25 enero 2024 10
    Propuesta 2024: figuras estilísticas 10
26 enero 2024 10
27 enero 2024 11
    Imagen sensorial 11
28 enero 2024 11
    Pleonasmo 11
29 enero 2024 12
    HABLEMOS DE LITERATURA 13
30 enero 2024 14
    Recursos novelísticos 14
    Prosopografía 14
    Prosopografía 15
31 enero 2024 16
    Paralelismo 17
    Hipérbole 17
    Polisíndeton 17
    Interrogación 17
1 febrero 2024 19
    Epítrope 19
    Calambur 21
2 febrero 2024 22
3 febrero 2024 23
    Encabalgamiento 23

4 febrero 2024 25
5 febrero 2024 25
    Adínaton 25
6 febrero 2024 26
    Etopeya 26
7 febrero 2024 27
    Alegoría 27
    Metáfora 28
7 febrero 2024 28
8 febrero 2024 29
12 febrero 2024 30
    Cronografía 30
13 febrero 2024 30
    Paronomasia 30
    Políptoton 31
14 febrero 2024 31
15 febrero 2024 32
    Dilogía 32
17 febrero 2024 33
    Imagen 33
18 febrero 2024 33
    Lítote 33
19 febrero 2024 34
20 febrero 2024 35
    Eufemismo 35
21 febrero 2024 38

Monotonía	38
22 febrero 2024	39
Retrato	39
1 marzo 2024	40
4 marzo 2024	42
7 marzo 2024	43
Apóstrofe	43
11 marzo 2024	44
Muletilla	44
19 marzo 2024	45
Onomatopeya	45
20 marzo 2024	47
Paradoja	49
21 marzo 2024	50
22 marzo 2024	51
Hipérbaton	51
24 marzo 2024	53
28 marzo 2024	56
Sinonimia	56
2 abril 2024	57
Antítesis	57
Paradiástole	57
3 abril 2024	58
Elipsis	58
Zeugma	59
6 abril 2024	59

- Desafío 59
- 7 abril 2024 60
  - Anfibología 60
- 11 abril 2024 61
  - Solecismo 61
  - Anacoluto 61
- 15 abril 2024 62
  - Concepto 62
- 25 abril 2024 62
  - Mímesis 62
  - Diégesis 62
- 30 abril 2024 63
- 1 mayo 2024 64
  - Aféresis 64
  - Apócope 64
  - Síncopa 64
- 4 mayo 2024 65
  - Arcaísmo 65
- 5 mayo 2024 66
- 14 mayo 2024 66
- 15 mayo 2024 67
- 17 mayo 2024 68
  - Polisíndeton 68
- 19 de mayo 2024 70
- 21 mayo 2024 72
- Aliteración 72

27 mayo 2024 73
    Asíndeton...73
    Metonimia 73
31 mayo 2024 74
2 junio 2024 77
3 junio 2024 79
    Más sobre títulos 79
4 junio 2024 80
    Derivación 80
6 junio 2024 81
8 junio 2024 81
    Metátesis 82
9 junio 2024 82
    Idiotismo 84
10 junio 2024 86
    Sobre entender un texto......................................86
11 junio 2024 88
    Cosismo..88
12 junio 2024 89
    Sobre el microrelato 89
13 junio 2024 91
14 junio 2024 92
15 junio 2024 94
16 junio 2024 95
    Écfrasis 95
Ana Abregú 103

Ana Abregú, escritora, con formación en ingeniería electrónica trabaja como SEO posicionamiento y *Community Manager*, ha publicado novelas, poemarios, relatos, ensayos y crítica literaria.
Editora y redactora de la revista Metaliteratura. (http://www.metaliteratura.com.ar), shop de libros editados: http://shop.metaliteratura.com.ar.
Obras: *U (Crónicas junio 2023 – agosto 2023)*, crónicas, 2024; *E (Crónicas enero 2023 – mayo 2023)*, crónicas, 2024; *Ulises en su laberinto*, ensayos, junio 2024; *Las razones de la sal*, novela, enero 2024; *Venablos*, poemario, 2023; *A (Crónicas, agosto 2022, diciembre 2022)*, 2023; *Errancias del ayés*, relatos, 2023; *Conversaciones con Žižek*, relatos, 2023; *Blogs para el posicionamiento*, SEO posicionamiento, informática, 2022; *O (crónicas 2022 – agosto 2022)*, 2022; *Ignitos*, relatos, 2022; *Y (Crónicas, abril 2020 - febrero 2022)*, 2022; *Teorema de la Lengua*, poemario, 2022; *Pentimentos*. novela, 2022; *Supay*, novela, 2021; *El Pallo Gelao*, humor gráfico, 2021; *Pareidolia*, crítica literaria, 2021, *Anti(eu)fon(í)as*, poemario, 2021; *Textorios*, ensayos, 2021; *Cíngulos*, ensayos, 2021; *Descontextos*, ensayos, 2021; *La mujer fingida*, novela, 2020; *Atrave(r)sar,* poemario. 2020; *Dédalo*. novela. 2020; *Ex criaturas*. microrrelato, 2020; *Señales del tacto*, novela. 2020; *Mover el punto*, novela. 2019; *El espejo deshabitado*, novela. 2019; *Paranoxia Dalí*, novela, 2018; *Adelaida Sharp en tu tiempo*, novela, 2017.

Se consiguen en Amazon.

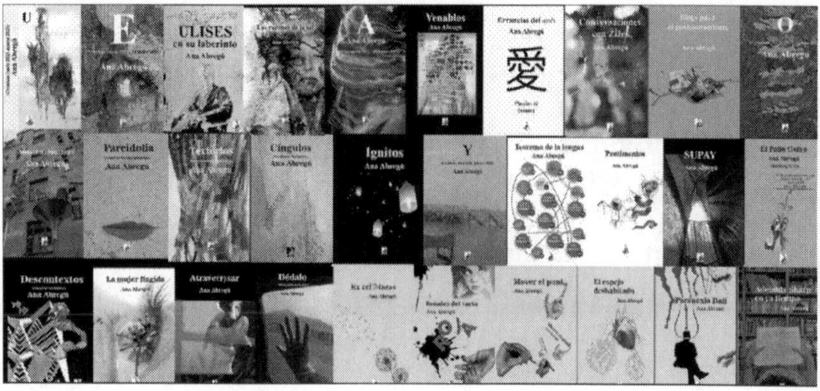

Made in the USA
Columbia, SC
13 March 2025